JN272478

Christian Marazzi, Capitale & Linguaggio: Ciclo e crisi della new economy

クリスティアン・マラッツィ

柱本元彦＝訳　水嶋一憲＝監修

資本と言語

ニューエコノミーのサイクルと危機

人文書院

英語版まえがき

労働する言語

『資本と言語』は初めて英訳されたクリスティアン・マラッツィの著書である。翻訳は久しく待望されていた。マラッツィは、スイスのイタリア語圏、ティツィーノ州の生まれ。イタリアのオペライズモ（労働者主義運動）に早くから興味を持ち、一九七〇年代イタリアのアウトノミア運動に積極的に参加した。ロンドン大学で博士課程を修了すると、パドヴァ大学に移り、そこでフェッルッチョ・ガンビーノ、ルチャーノ・フェッラーリ・ブラーヴォ、セルジョ・ボローニャ、トニ・ネグリらと親交を結ぶ。一九七七年、イタリア強制退去の前に、ネグリのクラスで教鞭を執る。それから数年間は、ニューヨーク、ロンドン、モンレアルで暮らし、イタリア・オペライズモの問題提起を世界に広めてきた。金融市場や経済政策の複雑さを一般の人々に語りうるエコノミストは、すでに稀少な存在と言えるが、マラッツィの稀少さはそれに留まるものではない。というのも彼は、現代の政治理論と社会理論のレンズをとおして経済発展を読み解きながら、経済的な土壌にしっかりと足をつけてそれらの理論に反省を加えることのできるエコノミストであるとともに、そのような仕方で政治・社会理論のもっとも刺激的な流れに関わり、それを前進させることのできるエコノミストでもあるからだ。

マラッツィの研究に特徴的なのは、アウトノミアが発展させた仮説と「ポスト・オペライズモ」的展望との創造的な関わり方だろう。つまり彼によると、労働者の闘争は資本の再編を先取りしていたのであり、資本の再編は労働者の力に新たな可能性をもたらすものなのである。一九九〇年代からマラッツィは、ポストフォーディズムの経済を分析する一連の書物を著わしてきた。対象となるのは、一九七〇年代にはじまる経済状況、中核諸国の経済的生産がもはや工場を中心とするものではなくなり、労働過程がもはや組み立てラインに典型的なテーラー主義的合理性と規律に支配されたものではなくなり、フォーディズムの賃金システムがもはや社会的再生産を保証しなくなった状況である。マラッツィがとくに注目するのは、いわゆる「ニューエコノミー」にとって決定的な重要性をもつ二つの領域、すなわち、ますます経済の中心に位置して経済を先導するようになった金融部門、そして、新たに支配的なものとなった社会的労働のかたちである。彼の一連の仕事は、一九九五年の『ソックスの場所――経済の言語的転回とその政治的帰結』〔邦訳『現代経済の大転換――コミュニケーションが仕事になるとき』多賀健太郎訳、青土社、二〇〇九年〕に始まり、一九九八年の『そしてマネーは行く――金融市場からの脱出とその革命』へとつづいた。そして二〇〇二年に刊行されたのが三冊目となる本書『資本と言語』であり、これは前二著をまとめたものである。『資本と言語』の中心的なテーゼは、言語が、現代の資本主義経済の機能と危機を理解するためのモデルになる、というものだ。具体的には以下の二重の主張がなされている。(1) 金融の世界は、言語的慣習を通して機能し、またそれによって特徴づけられる。(2) 新たに支配的なものとなった労働形態は、言語および言語的行為に類似した手段を通して生産される。どちらの主張も挑発的かつ啓発的だが、とくにわたしが惹かれるのは、まさにこの両者のつながりである。

金融に関するマラッツィの議論を理解するには、まず、彼が拒否する二つの相反する標準的見解を知る必要があるだろう。マラッツィにしたがえば、金融は、一部の新古典派やマネタリストの経済学者が言うような、人間の労働や生産過程から相対的に自律した自生的な価値の王国でもなければ、マルクス主義者や批判哲学の一部の流れが主張するような、擬制的な価値と純粋な投機の構成物でもない(後者の場合にも、金融は「実体経済」から相対的に切り離されたものとして扱われている)。マラッツィは、現代の金融市場の働きを理解するための言語理論をもたねばならないと主張する。第一のもっとも卑近なレベルにあるのは、金融が明らかにデータと情報の絶え間ないコミュニケーションを必要とするという点だ。だがマラッツィが強調するのは、金融が言語的慣習を通して機能するという第二のレベルである。たとえばアメリカのＦＲ

B（連邦準備制度理事会）議長による発話行為は、金融市場の上にことさら大きな影響力を現実にもちうるが、その影響は、一連の信念や言語的慣習を共有する発話共同体に依存しているわけだ。第三のレベルは、とくにわたしの興味を惹いたところだが、金融の言語が、将来の政策や政治に道を開くものであるために、労働や生産といかに深く結びついているかということである。

金融は、一般に貨幣と同じく、労働の価値と労働が生産した価値を表現するが、それは高度に抽象的な手段を通してである。金融の特徴は、労働の将来的価値と将来的生産性を表わそうとすることだ。したがって、言語的な関係から類推された労働の表現として、金融をどのように理解しうるかを分析すること、要するに、どのような種類の表象として金融が機能しているかを把握することは、すぐれて有望かつ刺激的な試みと言える。

労働と生産の新たな支配形態のなかで、言語の役割には、よりいっそう直接的なものがある。パオロ・ヴィルノが言うように、工場労働が多くの場で沈黙するのに対し、ポストフォーディズムに典型的な工場外の社会的労働は、多弁である。サービス業、メディア、健康、教育の他にも、経済のあらゆる部門でますます、労働の中心に言語と言語能力が要請されるようになった。アイデア、情報、イメージ、情動、社会関係などの生産では、言語とコミュニケーションが決定的である。マラッツィの分析にしたがえば、労働がますます言語行為によって定義されるにつれて、労働時間が一般的に増加し、そして労働時間と不労時間、労働と生活を隔てていた伝統的な壁が崩壊していく。これは一連の重要な結果をともなう事実である。労働は社会生活を産みだし、そして今度は、社会生活のすべてが働かされることになるのである。

マラッツィの分析のなかでも特に示唆的に思われたのは、今日の資本主義的生産の文脈に置かれた、マルクスの〈一般的知性〉という概念の再評価である。マルクスがこの言葉を用いたのは、知識とりわけ技術的科学的な知識が、いかにして主要な生産力となり、固定資本として機械の内に定着するかを示すためだった。力織機や蒸気機関は、コンピュータや携帯電話のように、〈一般的知性〉として社会的に生産された科学的・文化的な知識の膨大な蓄積を、具体的で生産的なものにする。マルクスの考えはたしかに正しい。だが限定的にすぎるだろうとマラッツィは言う。なぜなら一般的知性と知識の生産力は、ただ機械の内にのみ宿るのではなく、今日ではなおさらそうだが、言語的コミュニケーションと協働の内にも宿るからだ。マルクスのカテゴリーに依拠しつつ、要するにわれわれの頭脳、言語能力、双方向的技術が、固定資本に取り換わったにすぎない、と言う者もいるだろう。あるいはわずかに異なる視点に立って、次のように言う者もいるはずだ。〈一般的知性〉を体現すれば、かつてなく自立的に知識と言語の生産力を配備し運営できるのだから、ここに示されているのは、資本主義的管理から生きた労働がいっそう自律することである、と。

ここでわれわれは、マラッツィがなぜ金融とポストフォーディズムの労働（いずれも主に言語的手段を通して機能する）を並列させるのか、その意味を把握するために一歩退いて眺めてみよう。この確認は、金融化と金融メカニズムが、いかに今日ますます労働と社会的生産一般を管理する主な手段になっているか（産業資本家の手元にある規律的な手段よりも）、その探求をおこなうための基礎となるだろう。本書でマラッツィは、そうした並列的関係に含まれている別の側面を検証している。金融市場の流動性、コミュニケーション、その将来的動向を、マルチチュードの解放の予兆――たとえそれが転倒され歪曲され腐敗した予兆であっても――として読むことは、果たして可能だろうか。このような問題提起が照らすのは、マルチチュードにおける社会的協働の潜勢的自由であり、現代の生きた労働が備えているコミュニケーションと協働の能力、知識生産、言語的行為を、資本主義的管理から解き放つ潜勢的自律性である。われわれは、金融の管理と闘いながら、言語と言語的慣習を通して働く金融の機能を研究することができ、そうして、マルチチュードの生産能力をよりよく理解しながら、マルチチュードの資本からの潜勢的自律性を進めることができる、とマラッツィは語るのである。

マイケル・ハート

資本と言語　目次

資本と言語——ニューエコノミーのサイクルと危機

本書は、カラブリア大学社会学・政治学部に属する「科学・技術・社会」講座博士課程でおこなわれた授業を書き起こし集めたものである。この「科学・技術・社会」講座博士課程は、欧州社会基金（Fondo Sociale Europeo）の協賛を得ている。本文は著者自身によって校訂された。

授業の書き起こしは、博士課程在学中のアウレリオ・ガローファロによって編纂された。

Christian Marazzi,
"*Capitale & Linguaggio : Ciclo e crisi della new economy*",
Original edition in Italian published by Rubbettino Editore © 2001 by Dottorato di ricerca in "Scienza, Tecnologia e Società", Dipartimento di Sociologia e di Scienza Politica, Università della Calabria, Italy.
Japanese edition © 2010 by Editions Jimbun-Shoin, Japan.
This book is published under the authorization of Prof. Giordano Sivini (sivini@unical.it), coordinator of the doctor course, Università della Calabria, Italy.

第一章　ポストフォーディズムからニューエコノミーへ

序

最初にまず、ポストフォーディズムからニューエコノミーに移行してゆく歴史的状況を、ざっと眺めてみましょう。ニューエコノミーの内には、いわゆるポストフォーディズムのパラダイムを構成するすべての要素があります。ですから、ポストフォーディズムとニューエコノミーの区別は不適当に思われるかもしれません。けれども、それは、わたしたちには有益な区別なのです。なぜなら、資本蓄積体制はここ二十年のあいだに大きく変化しましたが、この変化を解釈する分析的アプローチの相違が明確になるからです。八十年代の半ばから主流になっていたのは、労働の性質と商品の生産様式の変化に注目しつつ、社会＝経済学的な視点に立って、フォーディズムの危機とポストフォーディズムへの移行を分析することでした。ですが株式市場が世界的な混乱を経験した九十年代半ばに入ると、〈パラダイム・シフト〉の金融的次元をより重視した分析が必要になりました。第一のポストフォーディズム研究の局面に浮上した要因と、第二のニューエコノミー研究の局面に現われた資本主義経済の金融化に特徴的な要因、この二者を双方向的かつ弁証法的な関係の内に「包み込む」ことが、今日もなお最大の課題なのです。また後でゆっくりと検証することになりますが、しばしば、株式取引の現象とそれが近ごろ極度に不安定なのは、十九・二十世紀産業時代の景気循環の最終局面を迎えて、実体経済の過程から金融資本が独立したことの表れとして描写されてきました。思うに、有形・無形の商品が生産され販売される実体経済と、〈投機的〉次元が投資を左右する貨幣＝金融経済との区別は、新しいポストフォーディズム経済のなかで根本的に見直される必要があります。ここでわたしが主張したいのは、ニューエコノミーにおいて、〈言語〉、コミュニケーションは、財とサービスの生産と分配にかかわる領域、そして金融の領域を、〈構造的〉かつ〈同時〉に横断しており、この特殊な事情のために、労働状況の変化と金融市場の変化は、同じメダルの表裏であると見なさなくてはならない、ということです。

歴史的起源

レプッブリカ紙のウエスト・コースト特派員、フェデリーコ・ランピーニは、まさにニューエコノミーの危機の渦中にいましたが、その体験を回顧して次のように語っています。「実体経済と金融の奇妙なずれによって、二〇〇〇年は、巨大な経済的発展の最後の年であると同時に惨めな幻滅の最初の年となった。ベトナム戦争以来最低の四％の失業率という健全なアメリカ経済に押し上げられ、世界経済の成長率は、過去十六年間で最大の五％を記録したが、その一方で、ウォール・ストリートはすでに危機的状況にあった。株式取引の不安は同じ年の三月にはもう始まっていた。突然がくっと下落した株価のため、アメリカの預金者は、二〇〇〇年の末に、気がつくと、その年の正月よりも貧しくなっていたのである。それはこの五五年間ではじめて、つまり家計調査がおこなわれて以来はじめてのことだった」（Rampini, 2001）。

ランピーニが言うように、危機は、否応なく歴史の記憶を掘りかえし、過去の危機を思い出させ、たとえば、「二十年代にもまた、自動車の登場、電気の普及、映画の発明など、大きな技術革新があり、近代産業のかたちを一変させたのだった。ところが一九二九年から一九三二年にかけて経済は崩壊し、ウォール・ストリートはその資本蓄積の九〇％を失った」、といったことが頭をよぎります。

けれども、歴史的な危機およびこれに先行する拡大局面を今回の場合と比較すれば、類似よりも相違の方が大きいのです。決定的に重要な相違をあげれば、今日のアメリカの家庭の貯蓄は、その六〇％が、直接に所有する株式あるいは年金基金や投資信託会社を通じて購入した株式になっています（一九八九年にそれは三〇％弱でした）。ニューエコノミーのもうひとつの特徴を言えば、金融市場の拡大局面を破局に到るまで引き上げたのは、テクノロジー部門、すなわちフォーディズム的生産モデルの基盤を転覆させ、産業界に抜本的改革をもたらした情報技術でした。言い換えると、社会的規模の金融化と新しい技術の双方から、ニューエコノミーのサイクルと危機の歴史的生成過程を見定める必要があるのです。

マルコ・マグリーニは、その著『デジタルな豊かさ』のなかでこう書いています。「数年前まで、電子的に株式を売買する設備は非常に高価で、専門家だけが利用していた。とはいえ、金融市場はすでに電子化されていたのであり、インターネットが普及し、ネットに安売りブローカー（その多くは、七十年代半ば、株式売買委託手数料を自由化する法とともに誕生した）が登場すると、誰もが電子的に投資できるようになったのである」（Magrini, 1999, p.18）。

一九七五年、アメリカでは、経済の株式融資を強化するため、貯蓄の放出に向けた仕掛けが始動します。その時まで割引が不可能だった手数料が自由化され、新しい証券会社は、格安の手数料で投資家を引きつけました。こうして、「市場を決定する」大組織や（ゴールドマン・サックスやソロモンやモルガン・スタンレーのような）、株式市場との電子的アクセスを制御する組織が（メリル・リンチやスミス・バーニーやプルデンシャルのような〈ワイヤー・ハウス（自社専用回線で支店などとの連絡網をもつ証券会社）〉）、株式の取引価格を独占的に操作することは不可能となり、地方の小さな信託銀行もまた貯蓄を独占することはできなくなりました。

すなわち株式投資の大衆化現象が現われたのは七十年代半ばでした。このような「金融の社会化」が、九十年代に入ると、インターネットの〈オンライン・トレーディング〉の普及によって一挙に拡大したのです。

株式市場における貯蓄の集配の情報化は、それ以前に生起していた構造的変化、一九七四―七五年のニューヨーク市社会福祉制度の〈財政危機〉に由来する過程の延長上にあります。それは、社会福祉費を確保する政策管理の危機であり、合衆国南部の貧しく人種差別的な諸州から豊かな大都市へ流れ込んだプロレタリアが、賃労働力に変化するなかで生まれた危機でした。ピーター・ドラッカーの有名な本、『見えざる革命――年金社会主義がアメリカに到来する』という、今なおアクチュアルなタイトルのこの本は、一九七六年に出版されています。ここでドラッカーが書いている年金基金の静かな革命は、市の財政赤字を埋め合わせるため、公務員の年金基金が流用された事実に着想を得ています。こうして市は、多額の税を徴収すれば移転しかねない金持ち企業にいい顔をしようとしたのです。公務員の年金を〈市債〉に投資すれば（このような操作が可能になったのは、ニューヨークの社会的財政的危機に恐れをなした投資家たちの後を組合が引き継いだからです）、彼らは市と利益を共有することになります。すると、社会福祉の管理をおこなう市職員、行政のリストラと合理化の過程に直面している市職員は、大都市の新しい貧困層といかなる政治的同盟も組めないでしょう。

〈ディスカウント・ブローカー〉、そして〈オンライン・トレーダー〉、さらに今日の〈ミクロトレーダー〉を生みだし、株式取引を刺激し大きく逸脱させた一九七五年の手数料自由化は、したがって、公的赤字の補填に年金基金を用いることと軌を一にしています。大都市のプロレタリアの剥き出しの生に権力を行使する国家と企業の再編成は、この頃にはじまるのです。賃労働市場の需要が危機を迎えるなか、失業者の〈生への要求〉に対して、個々のプロレタリアに対して、新しい権力は〈公共圏〉を作動させました。債権という将来の収入に貯蓄をまわすとき、公共圏は、「いまここに」人間らしく生きる権利の〈時間的遅延〉を押しつけます。

一九七九年十月、当時ＦＲＢ（連邦準備制度理事会）議長だったポール・ボルカーは、フリードマン理論に基づいて金融を改革する決断を下します。こうして、アメリカ国内のインフレーション（一九七四年のオイルショックと「賃労働の爆発」の金融的表現）と国際的なドルの下落（国際的な通貨供給と貸付においてアメリカの指導力が失墜したことの反映）に対処しようとしたのです。ここにニューエコノミーの第二段階がはじまりました。

ジョヴァンニ・アリギの著作、『長い２０世紀』の第四章には、一九七九年の新体制にいたる過程が正確に描かれています。「七十年代アメリカの金融政策は、合衆国中心の資本主義的経済世界を拡大させつづけるものだった。しかし、一般的に巨大企業、とりわけアメリカの企業にとって、こうした物質的拡大こそが、経費と危険と不安定を増大させていたのである。予想されたように、アメリカの金融当局が生み出した貨幣の流れのうち、新しい商業施設や生産施設のために用いられたのはごくわずかだった。大部分はオイルダラーやユーロダラーとなり、そして、銀行間を行き来して信用創造がおこなわれ、アメリカ政府のドルのライバルとなって世界経済の舞台に現われたのである」（Arrighi, 1994: 409-10〔訳、四七七頁〕）。

金融政策のこの転換の後に、市場の自由化、公共施設の民営化、国際的な資本投下といった政策が続きましたが、それに関係したのは、レーガンやサッチャーの新自由主義的イデオロギーではなく、国際的なフォーディズム体制の経済的政治的な危機でした。アリギによると、「一九七八年、アメリカ政府は、拡大主義的な金融政策を維持しながら、ユーロマネーを統制する国際金融共同体と決着をつけるか、それとも、通貨安定の原則と実践を通して合意をさぐるか、二者択一の岐路に立たされていた。最終的には資本主義的合理性が勝ちを制し、カーター大統領の最後の年からレーガン大統領の時代に明らかなように、アメリカ政府はこの第二の方針を採用したのである。国家の権力と資本の権力の新しい「記念すべき同盟」が調印されると、冷戦時代の特徴だったアメリカの金融拡大政策は、極度の引き締め政策に取り換えられた」〔訳、四七八頁〕のです。

金利を大きく引き上げた結果、資本は資金調達のためにますます株式市場によりかかるようになり、その結果、株式市場への貯蓄の流入に左右される状況が生まれました。公私のいずれの部門の負債にも直接的で持続的な影響があったわけです。

一九八一年、以前の確定給付年金とは異なり、貯蓄を投資し、その運用成績によって年金収入を得る401（k）プラン、確定拠出年金がはじめて創設されましたが、これは偶然ではありません。ロバート・シラーは、『根拠なき熱狂』にこう書いています。「労働組合は伝統的に、組合員の定年退職後の福祉を保証するためには、確定給付年金が最適であると見なしてきた。その組合が衰退してきたことは、このタイプのプランにたいする支持が減ったことを意味する。長年にわたって労働組合と確定給付年金の牙城だった製造部門の重要性も弱まってきた」(Schiller, 2000, p.58〔訳、三六頁〕)。

株式取引を一般市民に普及させようと証券会社が苦労したのは五十年代でしたが、シラーの言うように、「人々の目を株式の世界に向けようとした証券取引情報のなかで、確定拠出年金プランが果たした実践的な学習効果に比肩しうるものはない」でしょう。たしかに年金基金の目的は投資家に退職後の収入を保証することですが、確定拠出年金は、債権や不動産ではなく株券の取引を刺激しました。人々は、〈中身〉の分からないオプション・プランに引き寄せられ、資金つまりおのれの貯蓄を運用しはじめたのです。こうして、合理的な個々の決断や、評価額を〈具体的〉に裏付ける実質への注意、ありとあらゆる〈個人的な信念〉を押しのけて、株にたいする〈関心〉や〈好奇心〉が猛威をふるうことになりました。

〈オープンエンド型投資信託〔いつでも資金の換金が可能な投資信託〕〉——大勢の個人から資金を集めるもうひとつの装置で、これによって一九八二年は大きく株価が上昇し、ニューエコノミー時代の幕開けが語られました。九十年代末までのあいだに、株式を所有するアメリカ人は六二〇〇万人から一億二千万人に増えることになります〔およそ各家庭に二株〕——が成功した理由のいくらかは、それが401(k)年金プランの一部として用いられたことにあります。

年金のための株式投資に慣れると、年金プラン以外の貯蓄も投資信託につぎ込むようになりました。オープンエンド型投資信託が急成長したもうひとつの重要な原因は、テレビや雑誌、新聞の宣伝広告でした。八十年代初頭から九十年代末まで、オープンエンド型投資信託は、インフレ率の減少および素人投資家に雨あられと降り注いだマスメディア広告と平行して拡大したのです。

年金基金そしてオープンエンド型投資信託とともに、まずアメリカ、それから世界中で、貯蓄の大々的な吸い上げがはじまり、株式への投資が増加します。銀行貯金から株式投資へという流れのなか、二十世紀末のニューエコノミーの形成に決定的だったのは、家庭経済の貯蓄を株式取引に向かわせた進路変更です。この逸脱を〈金融化〉と名づけましょう。

世論の至上権

ニューエコノミーの歴史的展開から見えてくるのは、金融化の過程で、株式市場に好適な環境を形成するためマスコミがいかに重要な役割を担ってきたかということです。実際のところ金融化は、〈模倣的合理性〉、個々の投資家が充分な情報をもたない故のいわゆる集団行動に依存しています。

ニューエコノミーを歴史的に再構成するとき何よりも重要なこの問題を、少し詳しく検討してみましょう。ニューヨークの財政危機のなかで進行した年金基金の「静かな革命」に見たように、貯蓄が株式市場に投資された結果、個人の運命を決定的に左右する力を世論がもつことになりました。極端な話をすれば、公務員であれ会社員であれ〈給与所得者〉は、おのれが〈株主〉であれば、〈株主〉としての利益の名のもとにウォール・ストリートから求められると、自ら進んで辞職さえするようになったのです。

ポストモダン時代の市民のこうした逆説的な〈進化〉（ほとんど集団的自虐行為と言えるような）や、金融の法外なまでの肥大化（今日では一ドルの商品が交換される度に五五ドルの金融資産が動きます）を理解するためには、この時代を反映する〈金融理論〉が必要でしょう。凄まじいほど硬直した新古典派の措定にしたがえば、あらゆる人間は完全に理性的でかつ最後まで徹底して首尾一貫した行動をするがゆえに、株式市場の変動はすべての金融情報の「完全な総合」になるはずです。けれどもこのような説は、ロバート・シラー（2000）やハーシュ・シェフリン（2000）たち、〈行動ファイナンス理論〉の研究者のおかげで、ここ十五年ほどのあいだに古臭くなりました。ともかく行動ファイナンス理論は、〈心理学的な〉観点から人間の行動を特徴づける要素をいくつか、市場に組み込もうとしたのです。

シラーは次のように言います。「投資家の大半は、株式市場をおよそ自然現象と見なしており、おのれが集団の一人として市場の動きを決定していることにまったく気づかず、他の投資家も似たり寄ったりなのをあまり考慮に入れていない。個々の投資家の考えでは、機関投資家が、変動を予測する複雑なモデルや並外れた知識を所有し、市場を支配しているわけだ。だが本当のところを言えば、機関投資家も株式価格に関する手がかりなど所有してはいない。言い換えると、ある程度まで株価は、大小の投資家の群れに支えられた曖昧な予感に基づく予言が、彼らの慣習的な見識をしばしば補強したがるマスメディアに後押しされ、自己実現するようなものなのだ」(Schiller, 2000, pp.17-18〔訳、vi頁〕)。

行動ファイナンス理論の経験主義的研究から得られたもうひとつの重要な結果は、いかなる規模の投資家にも、情報の〈構造的不足〉に基づく〈模倣行動〉が見られるということです。最終的な株価は「自己実現的予言」の結果であり、したがってその株が表現すべき実質的な経済活動の価値とは関係がありません。「他の人々」が投資に値する優良株と見なしていることをいかに伝達するかが、伝達内容よりも重要なのです。

「ニューエコノミーの金融バブルにとって、メディアが根本的なメカニズムだった。メディアは、市場の「根拠なき熱狂」を褒め称え、洗練された金融の技術つまり〈モメンタム投資〉の理論化さえおこない、集団行動を促したのだ。これが何かを言えば、株式市場で儲けるには、上場会社の分析などに時間をつぶすことなく、群衆がどの株に向かっているかをいち早く見抜いて波に乗り、必然的に生じる株価上昇を狙えということなのだ。〈モメンタム投資〉では情報が本質的な役割を果たす。そしてこれはもちろん、完全な情報をもつ個々の投資家によって構成されたガラス張りの市場という、新古典派経済学の市場イメージを大きく損なうものだった」（Rampini, 2001, p.14）。

フランスの経済学者アンドレ・オルレアン（1999）は、新古典派的金融理論に対する批判を、行動理論以上に推し進めました。J・M・ケインズの教え（とりわけ『一般理論』第十二章）、そしてジョージ・ソロスやピエール・バリーらの実践をもとに、オルレアンは次のように主張します。つまり、金融市場はその本来的な性質として、大勢の投資家の集団行動に基づいて機能するのであり、それゆえ、〈コミュニケーション〉は市場の根本的な構成要素なのだと。「ウォール・ストリートを分刻みに映しだすテレビ速報は、考える頭をもった投資家の集団を、たったひとつの家畜の群れに変えてしまい、売るのも買うのも皆が一斉におこなうようになる」（ジェームズ・スロウィッキー）という意見とは異なり、オルレアンは、投資家の模倣行動が価値を歪曲させるとは考えていません。何百万もの投資家が富の正当な表現とされる記号や象徴に向かいますが、これによって明らかとなる集団行動は、〈流動性〉という金融市場の中核的な概念に〈内在〉しているのです。

流動性は、具体的な通貨の機能である前に、ひとつの概念です。それは、人々が貯蓄を用いて入手した証券を、素早く交換可能にする必要から生まれました。もし証券に流動性がない、つまり簡単に受け渡しができなければ、投資へ向かうのは難しいでしょう（緊急に流動資本が必要となった株式投資家が、流動性のない証券を持ちつづけていたら、破産を免れることはできません）。オルレアンはこう書いています。「それは、将来の配当金にたいする個人的な賭に他ならないものを、〈今ここで hic et nunc〉直ちに富に変容させることだ。だがここで個人的主観的な評価額は、誰にも受け入れられる値に変わらなくてはならない。言い換えると、流動性の要求によって、証券の交換価値を定める基準価格が生まれる。そのための社会的装置が市場なのである。金融市場は、投資家それぞれの個人的見解を組織し、集団的判断を形成して、基準価格を導く。こうして市場は、金融共同体の合意をつくりあげる。その価格は広く公表されて規範となり、その時々のその価格に基づいて証券の売買ができるようになる。つまり証券は流動性をもつ。金融市場は、規範となる集団的見解の形成を通して、金融共同体が受け入れた証券を評価するのである」(Orléan, 1999, pp.31-32〔訳、四四―四五頁〕)。

金融市場の流動性の矛盾(「流動性の逆説」)については、ニューエコノミーの危機を分析するときに述べるつもりです。今のところ、流動性とは、市場に不可欠な制度的装置であり、企業に資金を提供するために集団的貯蓄の定着と資本の誘引をおこなうものだ、と理解するだけでいいでしょう。また、金融市場の構築物(かなり複雑な)である流動性にとって、〈投機〉とは、第一に市場が機能している証拠であり、第二に、各々の意見や信念を左右する「市場心理」(集団的見解)によって、すべての投資家にのしかかる強制であると見なされます。たとえわたしが、インフレーションの危険などありえないと絶対的な確信を抱いていたとしても、もしFRB議長が、たとえば、労働市場は緊迫していると発言すれば、彼の「予言」に従うしかないのは明らかです(「賃金が上がれば物価も上昇する…」)。自分の持ち株の価値を下げたくなければ、わたしは急いで売りに走るでしょう。なぜなら、グリーンスパン〔第十三代ＦＲＢ議長〕は金利を上げるに違いないと考え、誰もが〈慣習的に予見可能なトレンドの〈周辺〉にある不安定部分に投機する懐疑的な者たち、あるいは、市場に〈反して〉、慣習的見解に反して投機する誰よりも危険な者たちを除いて、まさに「誰もが」〉売りに出るでしょうから。利益を得るためにせよ損失を出さないためにせよ、必要なのは、正しい意見ではなく、市場の動きを素早くつかむことなのです。大群を敵に回しては、なかなか勝てるものではありません。

金融市場で投機的に行動するのは、市場が〈自己言及的〉であるかぎり〈合理的〉です。価格は集団的見解の動きを表現しており、個々の投資家は、情報そのものに反応するのではなく、その情報を受けた他の投資家たちの動きに反応しています。ですから株式の価値は、その実質的な経済価値ではなく株式の価値自体を参照しているだけなのです。市場のこの自己言及性において、経済的価値と株式取引価値のあいだの〈分裂〉は、個人的信念と集団的信念のあいだの分裂と対称的な関係にあります。

市場の自己言及性について、ジョージ・ソロス〔投資家〕は次のように書いています。「どのような現実も主観的な考えの影響を受けており、そうでない現実は存在しない。言い換えると、一連の出来事が生起するとき、その出来事にかかわる人々がもつ信念の影響が、そこに組み込まれているのだ。出来事の実際の経過が予想とは異なるとき、その相違は逸脱の兆候と見なされるだろう。残念ながら逸脱を正確に計測することはできず、あくまでも兆候でしかない。なぜなら、実際の経過の内に、すでに逸脱自体が組み込まれているのだから。経過の一部は観察可能だが一部は不可能というような現象は、科学的な探求には向いていないのであって、われわれは、どうして経済学者たちが、彼らの世界からそのような現象を極力排除してきたかが理解できる。だがわたしの思うに、そこにこそ金融市場を理解するための鍵があるのだ。金融市場にかかわる人々が予見しようとする事態の経過は、市場価格に反映される。市場価格はつねに明瞭だが、関係者の予測に由来する影響については、どんな情報ももたらしてはくれない。この逸脱を析出させるためには、逸脱から完全に独立した他の変数が必要だろう。そのような変数、市場価格が反映すべき基本原理に構成された変数を、金融市場の慣習的な解釈から引き出すことができる」(Soros, 1998, p.83〔訳、九八頁〕)。

何よりもソロスの言う「他の変数」がどこにあるかを理解しなくてはなりません。それは、支配的な解釈モデルであり(グリーンスパンが金利を上げるだろうという私/我々の確信)、共同体が「選択した」がゆえに〈世論〉となったものであり、ケインズにしたがえば一定期間さまざまな意見を制圧する〈慣習/共有信念 convention〉です。では、いったい「事実」の解釈モデルとはどのようなもので、どうしてそれは支配的になるのでしょうか。またどうしてそれは、経済と金融のゲームに参加した個々人の行動を規定するような〈正統性〉を獲得するのでしょうか。そして、いつ、いかにして、まるで第二の自然さながら定着していた慣習が、崩壊するのでしょうか。こういったことを理解しようとするのが、ニューエコノミーの研究です。

言語分析の道筋

金融市場の機能の理論的分析によって明白になるのは、コミュニケーションつまり〈言語〉の中心的役割です。それはデータや情報の単なる伝達手段ではなく、〈創造する力〉なのです。市場で活動する多くの者たちの選択と決断を条件づける慣習、つまり「解釈モデル」の起源に、コミュニケーション行為があります。コミュニケーションは、株式上場企業の経済的な逸脱を引きおこします。なぜなら企業は、金融市場の自己言及性によって、生産の合理性とは関係のない不安定な市場に晒されるからです——経営者に対する株主の圧力を想像するだけで充分でしょう。

以下のことを理解しなくてはいけません。ある慣習〈たとえば九十年代、株式に投資された資本の平均収益が一五％だったのはまさに慣習でした〉が正当であるか否かの根拠は、客観的現実にはなく、公共の力の内にあります。説明しなくてはならないのは、慣習の〈公共的〉性質です。なぜなら金融市場はこの基盤の上で機能しているのですから。

ケインズ流に言えば、「自己実現的な予言の概念は、自然主義的認識論〔編纂者註：財の稀少性に基づく価値の新古典派的理論〕と絶縁し、信念を創造的なものと見なす根本的に新しい考え方を持ち込んだ。人々がいかに思考し、世界をいかに表象するかが、価格に、経済的な人間関係に、影響を与えるのである。こういった観念は、危機の分析や危機からの脱出手段の分析に、根本的な見直しを求めていた。ケインズにとって、完全雇用への障害は、客観的な資本の不足ではない。問題は、完全雇用を果たすには大きすぎる利子率を、おのれに正当なものと見なす個々人の信念であった。人間が幸福になるのを妨げているのは、人間の外部にあって人間を打ちひしぐ自然ではなく、人間の内なる信念なのである」（Orléan, 1999, p.85〔訳、一〇〇―一〇一頁〕）。

慣習は機能し、そして、市場で活動する多くの人々にとって〈認知的強制〉であるがゆえに、歴史的に変化します。ある時代に慣習だったものは、まさにその〈慣習的〉な本性が忘れられ、物事の〈本性〉に基づいていると信じられるようになります。

慣習のこの機能は著しく〈言語的〉です。心理的である前に言語的なのです。はっきりと言えば、ここに、行動ファイナンス理論の限界があります。ポストフォーディズム時代の金融市場の機能を理解するには、金融市場の〈言語理論〉が必要なのです。

非常に図式的で個人的なものですが、市場の機能の根本的側面をいくつか把握するため、言語分析の三つのレベルあるいは三つの道筋を以下に示します。

（1）言語と身体

第一のレベルは、〈生物学的基盤〉から見た言語の分析です。ここで取り上げたいのは、フェリーチェ・チマッティの言語に関する哲学的研究、そしてチマッティ自身が紹介している腫瘍学のジョルジョ・プローディ医師の理論です（cf. Cimatti, 2000b）。

生物学的理論にしたがえば、「言語は歴史的なものでも自然なものでもない。なぜなら、言語は、人間の発明ではないと同時に、人間動物なしには存在しないからだ」（*ibid.* p.80）。わたしたちの過去に、「言語がないので、ひとつこれを発明してやろうと決心した人間、言語を持たないという以外はわれわれと同じ人間が存在したことはない。人間動物は文字通り言語を中心として構成されている」のです。

言語の関係的性質、すなわち、いかに使用するかが〈学習される〉こと、だれか他の人間から／とともに学ぶわけですが、それは、言語が恣意的な社会制度だからではありません。なぜなら言語は、非常に強い〈遺伝的制限〉を受けているからです。言語的な媒介が機能するのは、プローディが言うように、人間の脳がそのようにできているからで、「実際、われわれの言語を人間以外の動物に、その他の面ではいかに知能の高い動物であっても、教えることはできない（単語レベルなら別だが）。また人間動物にしても、ある年齢を超えると言語を学ぶことができなく」なります。

わたしたちは言語的動物であるかぎり人間動物なのですが、それだけではありません。つまり、わたしたちの存在の言語性は（話すことが人間の特徴であることは）、ただ他の動物との相違を示すだけではありません。「人間動物の環境は言語そのものである。人間動物は言語に適応し、言語〈に向けて〉言語〈によって〉つくられている」（cf. Cimatti, 2000a）。
身体〈と〉言語。それは言語能力〈と〉ニューロン資源ですが、この言語の理論においては、目的と手段のあいだに差異はありません。「言語の歴史には手段に先行する目的が存在しない。したがってその差異は乗り越えられたのである」。話したいという〈欲望〉が先にあり、その後から言葉が生まれた、というような意図と言語の二元論は、要するにただ単に存在しないことになります。意図と言語のあいだにあるのは、〈循環性〉なのです（「この場合、手段――言語――こそが、手段の使用者を形成したと言える」）。

言語の生物学的理論が革新的なのは、それが、言語能力、話すということと〈わたしたちの身体〉が、いかにひとつの同じものであるかを説明してくれるからです。わたしたちのこの言語能力は、〈生命〉という現象の内で、原初的記号の相互作用のはじめから、〈身体的／生理学的〉に発展してきたのです。

（2）言語と差異

言語の生物学的な（あるいは自然な）次元、わたしたちの言語能力を規定している次元が、人間という種の特性であるなら（種に属する構成員のすべてがこの言語能力をもつなら）、次はそれを〈言語的差異〉のもとに分析しなくてはなりません。まず最初はジェンダーに基づく差異です。言語の分析の内に〈差異〉が登場するのは、社会の言語的な組織とその機能が家父長制的なものであるとき、それがいかに言語の〈内〉で言語に〈対する〉存在となるか、社会の象徴的組織に関する政治的な考察を女性がおこなって以来のことなのです。

この第二のレベルにおいて、差異は、胎内的記号領域から社会的象徴領域への移行（〈定立的切断〉）、すなわち母親の子宮内でのコミュニケーションから、ある歴史的社会の完全に象徴的な言語への移行の内にあらわれます。「話し方を学ぶ以前の生は、話し方を学ぶための生と見なされる」。わたしたちは母親から言葉を学びます。そして、こうして言語に参入することによって、わたしたちは、関係の存在、存在論的に言語的な存在であると同時に、「母親とは誰か／言語とは何か」（cf. Muraro, 1992）を区別することができる存在になるのです。

アルフレッド・トマティスの研究が明らかにしているのは、言語の起源には〈コミュニケーションの必要性〉が存在すること、そして、まさにこの必要性によって、わたしたちは言語的動物である以上に、異なる象徴レベルを識別することができる動物なのだ、ということです。コミュニケーションの必要性は、「第一に、胎内にいるあいだ音を通じて保たれた母親との関係を壊したくない（あるいは更新したい）がゆえに生じる。人間は、まだ胎児であったときに最大の満足を引き出した他の世界、外の世界に向かう関係の世界を、維持あるいは再発見したいと望むのである」（Tommatis, 1977, p.248）。

人間の胎児が最初の〈他者〉つまり母親を相手に開始する〈肉と肉の対話〉、そういうものとしての言語的対話は、赤子が外の世界に生まれ出て、抽象的かつ象徴的な言語の世界のなかに入ってからも、消え失せるものではありません。「音の戯れ」としての言葉の触覚的感覚は（「言葉にもまた物質的次元がある。空気中に一種の振動を伝え、いわば目に見えない手足となる。そのおかげでわれわれは、耳を傾けている相手に文字通り触れることができるのだ」とトマティスは言っています）、一方では、父の言葉と出会って最初の障害（社会の言葉を話す最初の外国人としての他者）を見いだし、他方では、言語自体の〈内部で〉、胎外の言語がもつ象徴的な（隠喩的な）浸透力の内部で、差異の能力を最終的に（存在論的に）固定するのです。

言語は、いわばその肉体的な次元で、ヤコブソンの言う言語の〈換喩の軸〉によって、言語的に物の方へとわたしたちを導きます。その反対に、〈隠喩の軸〉は、言葉の意味を拡大させ、わたしたちは言語の物質性と同一性を超越する危険を冒すのです（いわば隠喩の軸はわたしたちを「胎内的」な空間から決定的に切断し遠ざけようとするのです）（cf. Muraro, 1998）。

ここは非常に重要なところです。胎内的言語は、わたしたちが、歴史的に決定された言語のなかへ、さまざまな象徴レベルを区別することができる身体とともに参入するかぎり、わたしたちを差異の存在とするのです。わたしたちの身体は、言語の〈なか〉、関係の〈なか〉、象徴の第一のレベルが生と言語の〈結合〉であるあの言語的関係のなかに生まれるのです。

（3）言語とマルチチュード

言語の分析の第三のレベルは、象徴的言語の〈なか〉で差異の能力を働かせるとき、いわば皮膜が破れるわけですが（赤子が胎内から外の世界へ出るときに胎盤が破れるように）、そのとき何が生じているかという問題です。

ジョン・L・オースティン（彼の“How To Do Things With Words”〔邦訳『言語と行為』〕という含意に満ちたタイトルの研究を参照）のカテゴリーを借りれば、先に金融市場で確認したあの慣習は、一連の〈遂行的発話〉、つまり物事を描写するのではなく、何らかの現実の事態を直接〈生産する〉言葉の結果であると言うことができます（言語哲学的に）。言語とは、ただ単に出来事を〈描写する〉のではなく、出来事を〈創造する〉ために制度的現実の内で用いられる手段です。そうすると、貨幣、所有、婚姻、技術、労働、これらすべてが〈言語的〉制度となる世界で、わたしたちの意識を形成する言語活動は、現実そのものを生産しているのです。言葉とともに出来事は創造されるのです。「周知のように、ジョン・L・オースティンは、「この女をわたしの妻とする」、「この子を洗礼してルーカと呼ぶ」、「絶対にローマに行くと誓うよ」、「インテルが優勝する方に千リラ賭けるね」、といった発話を遂行文と呼んだ。要するに発話者は、これらの行為（結婚、洗礼、誓い、賭け）を描写しているのではなく実行しているのだ。行動を語るのではなく、語ることによって行動するのである」（Virno, 2001）。

ジョン・サールは、今日の貨幣の内に、オースティンの遂行的発話理論の実例を見ています（Searle, 1985, p.126–28）。アメリカ財務省が二〇ドル札の上に「この紙幣はあらゆる公私の支払いに使用しうる法定貨幣である」と書くとき、ただ事実を書いているのではなく、現実にひとつの事実を〈創造〉しているのです。それは、何かを言うことが何かを真にすることになる遂行的発話なのです。

ある状態／機能yをxで表わそうとするとき、わたしたちはxを言語的デバイスとして象徴的に用います。けれどもxが言語的に言及しうる物質的基盤をもた〈ない〉場合、言語的行為〈xと〈言うこと〉〉は、「本質的な」生産行為、〈機能yを定める〉行為になります。「椅子」や「ナイフ」は、使用機能が椅子やナイフの物質性の内に刻まれていますが、「貨幣」や「この女をわたしの妻とする」やナスダックの株券には、これらの状態／機能が具体的になる物質的基盤がありません。貨幣や婚姻や、さらには、わたしの購入した株が資本の一部となって運営されている〈ドット・コム〉企業もまた、言語的＝コミュニケーション的行為によって構成されているのです。

解釈の慣習的モデルを現実の〈真の〉モデルと見なし、その妥当性を根本から問い直さないかぎり、慣習の遂行文は、個々の信念の多様性よりはまだ客観的／自律的であることに、おのれの正統性を依拠させる必要があります。エミール・バンヴェニストが言うように、遂行的言語の有効性は、発話者の正統性すなわち話す者の〈権力〉や〈法的〉形式に依存しています。たとえば、市場は根拠なき熱狂の餌食になっている、と話すのがアラン・グリーンスパンなのか、わたしなのかでは、雲泥の差があるわけです。

事態が複雑になるのは、権威をもって語るアラン・グリーンスパンでさえも、現状を変えることができないとき、たとえば、金利の引き下げを告知しても、景気回復の現実的可能性を投資家たちが信用しないときです。この場合わたしたちは危機的状況、ヴィルノが〈絶対的遂行文〉と定義した遂行文があらわになる危機のなかにいるのです。「「君を赦してやろう」あるいは「あちらへ行ってくれ」などが、言語を通して現われる出来事であるのに対して、「わたしは話す」の場合は、ただ〈言語の出来事〉のみが現われている」。

わたしたちの分析に、絶対的遂行文はとりわけ有用な言語理論カテゴリーです。なぜならそれは、〈自己言及性の過剰生産〉の危機として、金融市場の危機に直接適用することが可能だからです。「普通の遂行文（「この子を洗礼してルーカと呼ぶ」や「絶対にローマに行くと誓うよ」など）に比べて、「わたしは話す」は完全に自己言及的である。普通の遂行文は、発話を通してある行動を語るが、発話そのものには触れない。ここには自己言及的な動き、〈話すこと〉そのものが見えていない。「この女をわたしの妻とする」は、言葉と〈ともに〉、あるいは言葉の〈内に〉現われる現実に目を向けている。だが「わたしは話す」は、発話されたことから生じる重要な出来事として、まさにその発話自体を指し示しているのだ」。

金融市場の危機は、金融言語の〈身体なき〉自己言及性をあらわにします。他方、遂行文の危機は、「話すことは、決して生きた身体から切り離すことができない」ということを明かしています。言い換えると、純粋な言語能力（絶対的遂行文）は、金融言語よりも普遍的かつ強力なのです。市場の自己言及性はたしかに遂行文が有効であることを示していますが、それは話者（たとえば金融上の慣習を内面化した投資家）の身体の〈否定〉を前提とした有効性です。これに対して、絶対的遂行文の自己言及性は、話者の身体を前提としています。

先に見たように、普遍的に有効なある慣習へと向かう歴史的な過程は、経済的主体のマルチチュードが、市場ゲームの参加者全員に有効な解釈モデルとして、個々人を超越した慣習を選択することによって、共同体を形成する過程です。〈慣習〉を選択してマルチチュードが〈共同体になる〉のは、〈君主〉の選出がマルチチュードを人民に変容させ、権力の言葉で象徴的にマルチチュードを統合するのと似ています（指摘する必要はないでしょうが、この抽象的過程は具体的にはつねに暴力的なものでした。ポストフォーディズム時代のマルチチュードの概念については、Zanini & Fadini, 2001を参照）。

それゆえ、高度に言語的な経済体制では、ある慣習の危機が意味するのは、マルチチュードの〈身体〉の爆発、個々の相違の多様性の爆発であり、新たな慣習を生産／選択しなくてはならないという、いわば歴史的な課題に再び直面することなのです。やさしい課題ではありません。なぜならグローバルな金融危機は、「自然な前件」としてのマルチチュード、もはや小さな集団にも純然たる敵にも還元されない〈歴史的な帰結〉、まさにグローバルな帰結としてのマルチチュードの危機でもあるからです。

ポストフォーディズムの顕著な特徴

ここまでの話をおさらいしてみましょう。ニューエコノミーの機能と内的矛盾を理解するには、それが、フォーディズム的パラダイムの金融効果（インフレーションや世界的なドル安）に対する、アメリカ財政当局の正面攻撃からはじまったことを忘れてはなりません。ＦＲＢのマネタリスト（財政出動ではなく金融政策による適切な通貨供給で経済安定化を図ろうとする新古典派経済学の一派）は、国内の「敵」（賃金と福利厚生に妥協しないフォーディズムの労働者階級）および国外の敵（ＦＲＢの手の届かないところで、オイルダラーやユーロダラーを生みだし、合衆国の世界的な拡大の障害となる「地域」）に対し、資本の完全な自由化によって国家権力を安定させようとしました。それは、アメリカ労働者の運命をアメリカ資本の〈リスク〉に結びつけることでした。経済世界の内に〈アメリカ〉資本の〈物質的〉拡大を推し進めるこのやり方は、ＦＲＢが創造する貨幣が資本に転化しないでインフレーションを進行させるような空間を、すべて排除しながらおこなわれたのです（レーガン政権のネオリベラリズムは、まだ帝国主義論理が支配的な経済世界での〈国家主義的イデオロギー〉と解釈されるべきでしょう）。年金基金の「静かな革命」とともに貯蓄が株式市場に流入しましたが、これには次のような目的がありました。つまり、フォーディズム的給与形態に内在する労資の分離を撤廃し、労働者の貯蓄を資本の変容／再編成の過程にかたく結びつけることです。

証券取引による融資がその方法でした。これは銀行融資（七十年代末のヨーロッパではまだ主流でした）とは異なり、貯蓄と投資のあいだの距離を消してしまいました。貯蓄を株式に投資した労働者は、労働者という定義からも賃金契約の形式からも矛盾していますが、いわば資本と一体化することになります。彼らは株主として市場の変動に関心をもち、資本一般の「良好な働き」にたいして利害を共有しています。

このような歴史的前提に由来する金融化は、アメリカ資本主義国家の正確で具体的な政治的介入の成果でした。それは、資本と賃労働、国民国家と経済世界の力関係が変化した危機の論理に応えています。こういった歴史的事情を無視しては、ニューエコノミーの危機を説明することはできません。

年金基金の「静かな革命」は、先に見たように、フォーディズム体制の危機と軌を一にしています。その危機は、製造業部門と組合調停という舞台にとどまらず、〈給与形態〉にまで及びました。一九七九年のＦＲＢの決定は、賃金を金融市場の〈調整変数〉に変えてしまいました。自社株を保有し経営に組み込まれた労働者の全収入は、賃金格差の拡大と契約の個別化を通して、資本のリスクと結びつけられたのです。

ＦＲＢによるこの金融政策の結果、一九八三年から、〈競争的ディスインフレーション〈インフレ率の漸減〉〉がヨーロッパ諸国に広まり、その流れは一九八六―八七年の〈金融規制緩和〉

で頂点に達します。社会的生産性の命令から収入を切り離そうとする闘いのもと、七十年代アメリカで誕生したグローバリゼーションは世界中に広がり、ヨーロッパ諸国のケインズ主義政策からの自律化という課題が、各国の中央銀行に押しつけられました。競争的ディスインフレーションは、財政の構造的な不均衡を攻撃し、各国政府に赤字の通貨調達を放棄させて金融市場に向かわせる方法でした。「財政赤字のため資金が融通できないのであれば、公債を売るための立派な金融市場を整えるしかないだろう。そこでは何よりも可逆性が保証として求められる。大量の取引が不断におこなわれる深く巨大な市場だけが、いつでも反対物が見つかるので資本を失わずに切り抜けられるだろう、という確信を投資家に抱かせることができるのだ。これがすなわち流動性なのである」（Lordon, 2000, p.23）。

その帰結として、内部の対立を調整する国家の社会福祉的役割が減少します。グローバリゼーションが進行中の金融市場から生まれてくるものは、第一に、いわば〈どの国民国家でも異なりはしない〉という感覚、第二に、公共支出の資金調達がグローバル金融市場と株価変動の力学に左右されるという事態です。国民国家の一地方の具体的な主体に対して、あらためてグローバルな世論が持ち出されます。国際取引における国家通貨、ドルを中心に七十年代末まで回転していた国際的〈通貨〉循環は、〈流動性〉（すなわち融資にたいする人々の需要に応じて貸借を創出する能力）を中心に回転する国際的〈金融〉循環に置き換わります。

融資への大衆的需要は、まさに文字通りに受け取らなくてはなりません。投資銀行や大企業、国家ばかりか、一介のサラリーマンもまた小さな投資家として、証券市場が主宰する祝祭への参加を望みました。金融化は、競争的ディスインフレーションと資本の市場規制緩和によって世界に君臨しましたが、それは、フォーディズム時代に典型だった銀行ローンによる給与の支払い〔証券金融の非人格性に不慣れなラインラント（ドイツ西部地方、西ヨーロッパの経済中心地）では特にそうでしたが〕を背景に押しやり、公共空間を流動性創出の場にしてしまいました。

グローバルな資本主義の新体制を支配しているのは、模倣的合理性の論理にしたがって動く投資家の〈大群〉、〈何であれ〉流動化させる能力、世論です。一九九四―九五年のメキシコ（政情不安と経常収支赤字の増大に伴うペソ暴落と、それによる通貨切り下げ、変動相場制移行により引き起こされた経済危機）、一九九七年のアジア（タイのバーツ暴落から始まり日本を含むアジア全域に広がった通貨危機）、そして一九九八年のロシアの危機（自国財政の悪化に加え、アジア通貨危機の影響で起きた経済危機。八月、ロシア中央銀行は九十日間の債務不履行を発表）は、短期間に資本が動く市場の〈可逆性〉の力を見せつけるものでした。機関投資家（年金基金やオープンエンド型投資信託）の存在や、新参の諸国に投資する西洋労働者の貯蓄もまた明らかになりました。おのれの年金を確保しようとすることが、アジアやメキシコやロシアやアルゼンチンの労働者に危機をもたらすとしても、西洋の労働者＝貯金者は気にしませんでした。自分の投資の〈内容〉、投資するか否かの決断が、ある地域の人々の〈身体〉に直ちに響くのだという事実は、関心の外にあったのです。

豊かな国の市民と貧しい国のプロレタリアとのあいだの、無関心や連帯の欠如といった問題ではありません。それは何かもっと深い問題、つまり、労働の〈性質〉を改変させ労働と労働者との関係を一変させた企業組織の変革と情報技術、その構造に関わる現象なのではないでしょうか。したがって、世論の無差別性と認知の個別性の関係や、新しい金融の慣習とその社会的受容の関係を把握するため、ニューエコノミーの生産と労働の側面、より正確にはポストフォーディズムの側面を詳しく検証する必要があります。

フランコ・ベラルディは次のように書いています。「デジタル技術によって、労働のまったく新しい可能性があらわれた。何よりもそれは、構想と遂行の関係、つまり労働の知的内容とその物質的作業の関係を変えてしまった。手仕事はますます自動化された機械に置き換わり、実質的な価値を生みだす革新的な労働はみな頭脳労働になった。物質の変形はデジタル技術でシミュレーションされる。生産労働（価値を生みだす労働）とは、情報技術の自動装置が物質を変形するのをシミュレーションすることなのだ」（Berardi, 2001, p.50）。

コンピュータを前にしての日常的作業は抽象的ですが、そのデジタルな作業が実現する知的内容は具体的かつ特定的なものです。「デジタル化された仕事はまったく抽象的な記号を操作しているが、その組換え機能は特定的であればあるほど個人的なものとなり、したがって互換性はますます減少する。かくして〈ハイテク〉労働者にとって、生のもっとも重要な部分、もっとも特殊個人的な部分を、労働が占めるようになる。この事情は工場労働者の場合と正反対である。工場労働者にとって給料を得るための八時間は、終業サイレンの響きとともに復活するのを待つ死にも等しかった」（*ibid.*, p.52）。

ベラルディのこの観察がそれなりに妥当な出発点になるでしょう。わたしたちに興味があるのは、労働のポストフォーディズム的変容が、金融化の過程と絡み合いながら、どのようにして、あの「金融の慣習」、あの〈世襲財産の個人主義〉へと流れ、ニューエコノミーを形成し、その展開と危機を導いたかを理解することです。労働の変容に関する研究にしたがえば、以下の側面が浮かび上がってきます。

（1）ポストフォーディズム的生産様式は、七十年代のフォーディズム体制に対する社会的文化的な批判を同化吸収するところから開始しました。それが可能だったのは、労働力のうちで何よりも公共の（「非公式な」）ものとして共有されている能力、すなわち言語、コミュニケーション＝関係構築に関わる行動が、労働に適用されたからです。つまりトヨティズム革命、情報技術（言語的機械）の発展、外部化（アウトソーシング）の普及といった事柄の結果です（cf. Chiapello and Boltanski, 1999; Fiocco, 1998）。

（2）労働の終焉という理論があり、フォード＝テーラー・システムの労働は消滅するのだと言われました。けれども現実には、ポストフォーディズムの社会で労働時間は増大し、賃金は減少しました。「問題は、労働の終わりではなく、終わりなき労働である」（Cohen, 2001）。労働量が増大したのは、これまでの単なる労働時間に加え、社会的な労働時間が新たに必要となったからです。それは、コミュニケーション＝関係構築の時間、熟慮反省の時間、学習の時間です（cf. Zarifian, 1995, 1996, 2001）。ポストフォーディズムは、労働と労働者、労働作業と労働者の身体を切断するような、テーラー主義的労働を乗り越えようとしました。そこでは、「スキル」、「適応力」、「反応力」、「潜在力」が、労働力とりわけ若年労働力を雇用する基準になっています。

（3）フォーディズム的工場の空間が爆発するとともに、「ヴァーチュアル産業」のコミュニケーション空間が網を広げました。ネットワークでの作業は、個々の搾取を全体のなかで見ることを困難にします。細分化され階層化された労働をおこなう非正規社員、移民、ワーキングプアたちは、多様な生産的ベクトル群を再構成しようとする動きに対して突きつけられた社会的ベクトルなのです。マルコ・レヴェッリは書いています。「しかしながら、このために、「価値の連鎖」の高みから撒かれた生産力の中央集権的な支配能力（私的領有）、すなわち散在する新しい生産システムを支配する社会的権力が中断するわけではない。今はただ直接には見えにくい非物質的なかたちで機能しているのだ（現在のあらゆる権力と同じ〈不可視の権力〉）。それはコミュニケーションと言語の手段によって（一連の個人的指令や機械的手段による以上に）、象徴的かつ規範的な回路を活性化させ（技術的空間を物理的に限定するよりも）、おのれの方へ引きよせて支配するのである」（Revelli, 2001）。たとえば〈ブランディング・ポリシー〉による象徴的権力の具体的な行使については、ナオミ・クライン（2001）の優れた分析があります。彼女にしたがえば、製品生産とブランドを分離させ、商品の宣伝と販売を目的として社会批判や「下からの」声を〈大企業〉が吸収することは、労働のポストフォーディズム的変容のグローバルな顔なのです。より一般的に言えば、経済力は、公的資源（水や空気の他にも自然言語の語彙といった〈共同使用〉の資源）の私的所有に由来するかぎり、知的財産権（特許、著作権）や個人的依存の形式を促進させます（Rifkin, 2000）。パオロ・ヴィルノは、「知性や言語といった共通のものを労働に用いることは、一方では職務の非個人的な技術的分割を虚構のものとし、他方では従属の粘着的な個人化を助長する。知性を分有するゆえに避けることができない他者との関係は、人格的依存の普遍的な回復として現われる」（Virno, 2001）と書いています。

（4）ポストフォーディズムの生産において言語に中心的な役割を与え、労働力の認知的特性を労働に用いることは、個々の労働作業の（商品の生産に必要な労働時間の）〈計測〉を困難にします。ピエール・ヴェルツはこう書いています。「作業ノルマがアプリオリに計算できないなら、残された可能性はひとつしかない。先に目標を割り当て、アポステリオリに判断することである。労働の細かい過程を設定して階層的組織の内部に組み込む分析作業が、あまりにも高いコストになるか無駄または不可能なとき（あるいは高くて無駄で不可能なとき）、一般的規則の構造を設置して、時に応じて更新される契約関係を関係者たちのあいだに挿入していくしかない」（Veltz, 2000）。価値を計測する困難は、インターネット業界（いわゆるドット・コム企業）が爆発する九十年代の末、大きな問題になります。

（5）フレキシブルなポストフォーディズム社会における経済の浸透力もしくは絶対化は、商品を生産し販売する新しい方式における言語の浸透力の反映です。〈記号＝資本〉、生産の社会関係の記号化と言えるものがあります。私的なものが公的なものになり、公的なものが経済になりました。フェデリーコ・キッキは次のように書いています。「近代性の危機に関する非常に一般的な社会学的考察と、社会的排除のリスクに関する特定の考察とを結びつけるものが、社会的コンテクストのなかで増大する〈リスクの文化〉のヘゲモニーの内にある。ちなみにその社会的コンテクストは、近代において実存の私的領域を公的領域につないでいた諸機関が危機に陥り、ますます不確実で流動的になった場所として描きうるものだ」（Chicchi, 2001）。

（6）ポストフォーディズム革命は、〈固定資本〉つまり機械の内に蓄積され、労働時間を価値の〈計測可能な基礎〉にする技術的＝科学的な知、『経済学批判要綱』のなかでマルクスが分析した〈一般的知性〉を、いわば乗り越えたのです。ポストフォーディズムのなかで〈一般的知性〉は機械の内に定着するのではなく、労働者の〈身体〉の内に宿ります。つまり身体は頭脳労働の道具箱になったのです。パオロ・ヴィルノは次のように言います。「マルクスは、〈一般的知性〉（もしくは主要な生産力としての知識）を、固定資本つまり機械システムの「科学的で客観的な能力」と見なした。このとき、〈一般的知性〉が生きた労働として現われる側面は、見過ごされたのである。だがこのような批判には、ポストフォーディズム的生産の分析が必要だろう。いわゆる「自律的労働の第二世代」、あるいはまたフィアット社メルフィ工場のような革新的な労働環境でも、知と生産の結合が機械システムの内だけではなく、具体的に労働する男たち女たちの言語的協働の内にもあることは、たやすく認められる。ポストフォーディズム環境のなかで決定的な役割を担うのは、概念的布置や論理的図式だが、それは、生きた主体どうしの相互作用から切り離せないがゆえに、固定資本の内に納めることは決してできない」(Virno, 2001)。

以上、ポストフォーディズムの特徴的なパラダイムをいくつか(いくつかにすぎませんが顕著なものを)まとめてみました。これらの特徴が、金融化の過程と絡み合い、社会的・文化的に大きな意味をもつ慣習としてのニューエコノミーを登場させたのです。生産様式の変化から生じた〈ディスインフレーション効果〉はきわめて重要です。事実、労働の個別化と不安定化は、生産過程の重要な部分の外部化(アウトソーシング)とともに、労働コストに、賃金や福利厚生費(社会保険や年金)に、直接の影響を及ぼしました。よく過小評価されていますが、これが、貯蓄と投資のあいだで〈銀行離れ〉を引きおこした大きな原因だったのです。実際のところ、貯蓄が世界中の株式市場に、とりわけアメリカの株式市場に吸い寄せられたのは、ディスインフレーションとこれに続く銀行金利の引き下げが原因でした。こうして富を生む方法が構造的に変化したため、投資は公債から株券へと流れたのです。

ディスインフレーションは、言ってみれば、ポストフォーディズムとニューエコノミーの〈通貨上の結節点〉です。年金基金とオープンエンド型投資信託の圧力は、価値の創出を中心にして、基本的データとは無関係な金融収益を企業に求める「高相場」の慣習を招きました。ウォール・ストリートの要求を満足させるため、企業は再編成（ダウンサイジング）や株式の買戻し（バイバック）を進めましたが、それは数年のあいだ当該株式の発行がマイナスになるほどの規模でした。こういったプログラムは、機関基金の大きな需要とともに、株価を不自然に（「惰性的」な仕方で）上昇させ、株式の需要と供給のバランスを崩す原因をつくりました。上場企業に利益があるかぎり、この過程を続けることはできますが、利益が下がりはじめた一九九七年以降は、ますます困難になってきています。このとき、低金利を利用して銀行からの借入れで資金調達をおこなえば、すでに複雑化し弱体化した過程をさらに脆弱にしてしまうでしょう。

ニューエコノミーを〈文化的〉に決定したのは、疑問の余地なく、新しいテクノロジー、そして、〈一般的知性〉の起業家精神とわたしたちが呼ぶものです。〈ハイテク〉株の成功とその危機は、新しい技術が集団的想像力に及ぼした影響によって説明されます。こうしたテクノロジーのなかで、いわゆるカリフォルニアの「ニューカルチャー」、生産と労働のスタイルの再編過程と言うべき現象が、良きにつけ悪しきにつけ交差しています。その交差するところがまさに、コミュニケーション、言語、前代未聞の水平的コミュニケーションを紡ぎ出す「言語機械」の能力なのです。コンピュータ革命の社会的・文化的な起源を再構成しながら、レヴェッリは次のように書いています。「本来の生産者としてはただひとつの特徴――世界を変えるために「技術を動員する」能力と意志――しか持たないような新世紀の姿が、非公式なかたちで形成され組織されていた拠点は、その一方で、分散化と自発的分配、水平的連帯、自由思想を強く信じてもいた。つまり薔薇色の二面性が存在していたのである。そこに第三のものがやってきた。いわゆる〈キャッシュ・カウ〉、「金のなる木」だ」（Revelli, 2001, p.110）。

シリコン・バレーに関する著書のなかでポー・ブロンソンが書いています。「ボックスオフィスに座っているヌーディストを目にして、そこにドルのシンボルだけを見るわけにはいかない。夜勤のヌーディストは、ここの人々が仕事の内にどれほど自分の個人的価値を込めているか、これ以上はないほど雄弁に語っているシンボルであり、さらに、仕事と遊びが今やいかに不可分に結ばれているかのシンボルになっている、とわたしは思う（移動式《トレーラー》歯科医院やオフィスの洗濯機よりもずっと効果的なシンボルである）。他人の目に映るのは情け容赦ない企業の冷たく貪欲なテクノ・バレーだろう。だが少なくともこのヌーディストにとってはエデンの園なのだ。そして裸のなかには、何か無垢で、開かれた、無防備なものがある。そのイメージには一文の金もなく、フェラーリもなく、ラバランプもポケット・プロテクターも、Ｔシャツもない。端的に言えば注意を逸らすものは何ひとつない。ただ人間と、コンピュータ、仕事だけがあるのだ」（Bronson, 2001）。

新しいテクノロジーとインターネット企業は、ニューエコノミーの拡大と危機のシンボルです。なぜならそれは、ポストフォーディズム的変容の特徴を要約しているからです（裸の生、仕事、無防備）。金融市場に貯蓄と資本が流入し、ニューエコノミーが支配的な「慣習」となって全世界に実現した今、〈ハイテク〉部門が経済を牽引しています。個々人の信念の多数性は、事実と選択と決断の解釈モデルとしてニューエコノミーを「選択」しました。なぜなら、新しいテクノロジーと金融化の融合は、良かれ悪しかれ、ポストフォーディズム的パラダイムと取り組む、何百万もの人々の生きられた経験をあらわしているからです。労働の個別化、不安定性、リスク、労働の／からの自由の欲求、オルタナティブ文化、世界を変革する希望、といったものを株式取引が資本に変換しえたとき、パソコンとインターネット企業は、〈金のなる木〉、マネー・マシンになります。ニューエコノミーを慣習にするには、ケインズの定義にしたがえば、ディスインフレーションと銀行離れの過程からリスク資本を解放しなくてはなりません。

けれども、投資家の選択に影響を及ぼし、市場を「引き上げ」て特定の方向に向かわせ、新しい労働の本質と世論を融合させるような、〈技術的パラダイム〉もまた必要となります。ヴィルノは、「コミュニケーション（もしくは「文化」）産業が、かつての伝統的な〈生産手段の産業〉が果たしていた役割を担う。それはすなわち、やがてあらゆる社会的労働過程の手段と進行を決定するようになる特殊な生産部門である」（Virno, 2001）と言い、ポー・ブロンソンは、「平均的アメリカ人は、一九七五年にデータジェネラル社の株を、一九八六年にマイクロソフト社の株を買う機会を逃したのだった。かくして、今度また新たなコンピュータ革命が到来しつつあると聞けば、ソフトウェアではなく、そのソフトウェアを制作した会社の〈株〉を買いたいと思うはずだ。蚊帳の外にいる者にはそれで何の問題もないし、連中は君たちの金を手に入れて満足するだろう」（Bronson, 2001）と言いますが、もしそうなら、そのとき〈慣習としての〉ニューエコノミーは、言語そのもの、商品を生産し流通させる手段としての言語なのです。

労働時間についての批判的考察

フォーディズム体制の変容と崩壊を考察するにあたって、もっとも良い方法は、資本と労働の関係がいかに再編成されたかを見ることです。それは、生産過程の合理化やフレキシビリティの増加から、あらゆる部門における労働力の外部化（下請やアウトソーシング）まで、世界的規模での生産単位の非局在化から、コミュニケーション技術の徹底した適用（ヴァーチュアル化）まで、複合的な社会資源としての地域の活用（産業地帯）から金融グローバリゼーションまで、多岐にわたっています。言い換えると、工場労働者の群れの漸次的な減少や大工場の終焉といったアプローチではなく、労働の〈性質〉のまさに根底的な変化として、フォーディズム体制の変容＝危機を分析する必要があるのです。労働の性質の転回には、少なくとも二つの基本的と思われる方向があります。つまり、第一は、戦略的にますます重要になりつつある労働の〈自律化〉、第二は、コミュニケーション＝関係構築的な特徴、要するに〈言語〉です。労働はさらにコミュニケーションと結びつき、資本と労働の関係は給料制を離れていき〈脱賃労働の現象〉、闘争の仕方そのものにもラディカルな変化がおこっています。

労働様式のこの変化、フォーディズムの終焉とニューエコノミーの開始を告げる変化は、しばしば妥当性を欠いた言い方ですがいわゆる市場のグローバリゼーション、多くの新興国の国際的な交易と分業への参入とは、ただ部分的にしか関係がありません。国際市場での競争の増大は、賃金か給与の購売力の全般的な低下とともに、逆説的にも、市場の販路をさらに押さえこみ制限する要因になっています。今日では、生産するとは、どれほど些細な需要の変化も見逃さないことです。言ってみれば市場を工場のなかに引き入れ、「市場と共に呼吸する」ことなのです。フォーディズムの経済では、商品の供給に需要を従わせていましたが、今では需要に応えることが生産の意味なのです。需給関係のこの逆転は、生産過程のなかにコミュニケーションが入り込むと同時にはじまりました。つまり生産チェーンが、〈言語チェーン〉、〈記号の連鎖〉になったときですが、そこではコミュニケーション、情報伝達が原料であり、かつ電力にも匹敵する労働手段でありました。コミュニケーション、言語は、機械化とフレキシビリティとの結合という、フォーディズムでは困難だったものを可能にしました。エンツォ・ルッラーニにしたがえば、「フレキシビリティを失わずに機械化することはできる。機械や〈企業特殊的知識〉に直接投資することなく、たとえば〈アウトソーシング〉のネットワークを利用し、需要にたいしてフレキシブルに応えるシステムを組織することはできる」(Rullani, 1998)。

そしてさらに、ハイテク化されたコミュニケーションは、意味論的投資つまり一般的知識の言語的共有が、ますます〈認知的〉になる労働の新たな国際的分業を促進する資本主義、いわゆる「ネットワーク資本主義」の新たな経済について語っています。

フォーディズム体制から消失したもうひとつの根本的要素は、テーラー技師の科学的モデルに典型的な、労働と労働者の分離です。今日、労働の資本主義的組織は、この分離を解消して労働と労働者を融合させ、労働者の生の全体を働かせることを目論んでいます。労働に注入されるのは専門的な資格よりも競争ですから、感情、情緒、普段の暮らし、いわば〈言語共同体〉の全生活が労働に振り向けられます。新しいテクノロジーと生産／分配のネットワーク組織のおかげで、知識は、もはや「何か他のもの」、機械や材料や製品の内にではなく、〈認知的労働〉そのものの内に組み込まれています。コミュニケーション・ツール、つまりコードや言語や共有された意味を通して、知識は、固定資本や法的所有権から放たれて自由に流通します。したがって生産性の概念は、フォーディズムの生産性（たとえば有名な〈規模の経済〉にしたがえば、単価の削減は生産量の増加によって得られます）とはまったく無関係なのです。今日の生産性に決定的なのは、どのような計画も不可能にする〈偶然性〉に浸された状況、〈緊急事態〉、予見できない突然の状況に対処しうる能力です。こういった生産性は、知識の伝達手段の非物質化や不変資本の精神化なしには、考えることすらできなかったでしょう。ますます短時間で低コストな、機械の内には組み込まれていない知識の〈再生産性／複製可能性〉は、フォーディズム的産業経済の労働と不変資本といった稀少資源から生産性を解放し、利益を増加させる可能性の発端でもありました。生産に必要不可欠なコストは、ポストフォーディズムのパラダイムでは、言語共同体の生活そのものになったのです。

この新しい労働の性質、生物学的再生産の領域から切り離された労働というよりも、〈ヴィータ・アクティーヴァ（活動的生）〉であるものは、〈労働というカテゴリー〉の終焉をもたらすかもしれません。ともかく、この分析的仮定に基づいて、失業と闘うための労働の削減や再分配のモデルがつくられたのです。ですがこれはまだ異論の多い問題ですから、少し詳しく見る必要があります。

たしかに、人の一生で賃労働に捧げられる時間は、長いあいだに大きく減少しつづけ、この百年間で半分になりました。そしてこの賃労働時間の減少と平行して、ヒトやモノの外部にある均質で抽象的で計測され客観化される時間、産業的時間、いわばニュートン的時間の危機がやってきました。けれども、賃労働時間の全体的な短縮から、何らかの結論を急いで引き出してはいけません。たとえばわたしは、ここから〈自由時間イデオロギー〉を練り上げた者たち、労働の再分配を通して失業問題に対処しようとし、労働時間の短縮を唱える者たちには、まったく賛成できません。

労働と生、生産と再生産と「自由時間」の時間的な関係を分析するとき、実際には、〈社会的時間の諸部分〉の関係、その全体的なつながりを分析しているのであり、つまり、生産的労働の時間、家事労働の時間、自由時間の〈構造的関係〉を分析しているのです。自由時間イデオロギーの根拠は統計的な計算で、これによると、平均的な一日の契約労働時間のすべてを、十五歳以上の全人口で割れば、およそ二時間半という数字が出ます。したがって、目覚めている時間の約七〇％が〈労働から自由に〉なるべきなのです。「自由時間」は、社会的時間の構造のなかで支配的な時間になります。要するに、今日では、一日に平均して二時間半だけ働くのが妥当というわけです。

でも社会的時間の諸部分をこのように計算するのは、人々の異質性を否定することです。男であれ女であれ、就業していようがいまいが、何歳であろうが、どんな相違も気にせずに混ぜ合わせ、人工的な平均的個人の平均的一日が捏造されています。それはまるでどの個人も同じ重さの時間をもち、その時を同じように生き、毎日を八時間労働する者も年金生活者も変わりがないとして、個人史的なリズムの社会的重要性を否定することです。家事労働の時間も自由時間と見なされます。平均的一日に残された時間のなかで、専門的時間や家事労働の時間の性質は否定されてしまうのです。

方法論的な側面にこだわる理由を言いましょう。平均的社会生活というこの素朴な考え方が、たとえフォーディズム時代の時間の社会学的分析には有効だったとしても、ポストフォーディズムの時代では大変な混乱を生むだけだからです。この二十年、平均的な社会的労働日は、実際のところ短くなるどころか延長されています。こういった意味で、アメリカの社会学者ジュリエット・ショアーの綿密な研究は、非常に興味深いものです。その著書『働きすぎのアメリカ人』（1993）のなかで彼女は、二十年間でアメリカ人の平均的労働時間がどれほど引き延ばされたか、今では一週間の自由時間が十六時間半しかないことを、九十年代の初めに示しています（「この傾向が続くなら、二十世紀末のアメリカ人が労働に費やす時間は十九世紀と変わらなくなる」とショアーは書いています）。「自由時間中心主義」どころではありません。さらに、専門的労働や家事労働に向けられた時間の量的増大が、ポストフォーディズム体制の労働の変容に由来する、生産時間の新しい特徴のもとに分析されるとき、時間の問題、専門的時間の短縮の問題は、かなり複雑なものになり、ただ契約的＝労働組合的な観点だけでは解決できないのは明らかです。

ともかく一般的な合意の得られる唯一の事柄は、物質的生産に直接必要な労働時間は短縮されたこと、つまりモノを生産する手仕事の時間は減少したということです。要するに〈オートメーション〉の効果ですが、それは新しい技術ではなく昔からの技術の観念をあらわしています。オートメーションによって手仕事の時間と労力が大きく減り、別の活動をする時間が手に入ったのが本当なら、〈物質的生産に直接必要な労働時間は、もはや生産活動に本質的なものではなくなった〉というのも本当です。賃金コストの管理対象としてのニュートン＝テーラー的「古典的」時間のそばから、〈新しい時間〉が浮上しました。それは生産過程に生じた緊急事態に対処するための時間や、新機軸を工夫する時間、訓練教育の時間、関係の時間（たとえば納入者や取引先とのコンタクト)、サービスや仕事の契約の時間、消費者＝ユーザーとの対話の時間などです。

実際のところ、労働者の身体から切り離された機械によって時間が短縮した一方で、言語的＝コミュニケーション的＝関係的な生きた労働の時間、ニューエコノミー時代の〈主体間コミュニケーション〉、あるいは価値創造的協働にかかわる時間は、爆発的に増大しています。

ポストフォーディズム体制での社会的労働時間の言語的性質によって、企業サイドのポストフォーディズム的パラダイムの分析はいくらか相対化されますが、他方でわたしたちは、社会的領域から社会的生産性を再定義しなくてはなりません。成長と生産の限界を定めるのは社会的領域です(一産業地区から一地方、一国、国々にいたるまで)。認知的労働の国際的分業を再編し再組織する過程の標的となるのは、資本主義的〈指令〉が行使される〈具体的な共同体〉としての社会的領域なのです。

ですがともかく、雇用創出のために労働時間を短縮する問題に戻りましょう。自由時間イデオロギーで何よりも倒錯した効果のひとつは、生産の新しい社会関係の地盤において、政治的闘争の言葉を混乱させたことです。テーラー＝ニュートン的時間は、固定資本(つまり生きた労働から切り離された機械)に宿る知識の支配下にありますが、そのように生産時間を思いえがき、ポストフォーディズム的労働の言語的性質をまさに無視して、生産に直接必要な労働時間の短縮を、失業との闘いに直結させてしまったのです。けれどもそういった時間の重要性は、資本の生産性から見てますます減少しています。問題は要するに、経済的な矛盾を経済的に解決しようとし、生きた労働の生産的潜勢力を顧みずに雇用を産み出そうとし、〈フォーディズム的〉な完全雇用の名において〈より貧しい〉雇用を再配分しようとするところにあります。

資本に雇用を保証させて〈過剰な〉労働力を吸収させる唯一の方法は、〈生の時間を解放すること〉、たとえば週の労働日をもう一日減らすことです。ですが注意してください。労働時間短縮の闘いを正当なものと認める理由は、何よりもまず〈生の質〉を改善するためであり、雇用を増加させるためではありません。労働時間の短縮は、未来に向けた〈プロジェクト〉であって、現状を容認することではないのです。

労働時間短縮のいわば倫理的次元は、雇用ポストを増やす意志の内にではなく、生の質の向上を求める闘いの内に現われています。それはマルクス以来の、労働時間短縮のための労働運動の歴史が示しています。まだ「フォルクスワーゲン・シンドローム」に囚われている者は、次のことを思い出すべきでしょう。つまり、組合と企業首脳部のあの有名な合意の理由は、いかなる市民的政治的観念とも関係はなく、要するに、非常に散文的ですが、給与総額を注文量に適合させるため労働をフレキシブル化することでした。一台あたり二五四ドル節約するためだったのです。つまるところ、新しい雇用ポストを生みだす「倫理的=政治的」な理由ではなく、主に〈経済的〉な理由のためでした。事実あの合意は、雇用を増やすものではなく、解雇を防ぐものでした。組合の側からすれば、賃金削減という代償を払っても、自動車産業に吹き荒れる解雇の嵐を避けようとする連帯ではありました。それは誰にも否定できませんが、実際のところ、この連帯の呼びかけは、人件費を削減して企業の収入を確保しようとするフォルクスワーゲン経営側にも都合が良かったのです〔一九九三年、業績不振に陥ったフォルクスワーゲンは数万人規模の人員整理を発表したが、組合が反発。交渉の結果、週三六時間の所定労働時間を二割短縮し給与削減する一方、一切の整理解雇をしないとの協定を結んだ〕。

フランスの〈労働時間短縮（RTT）〉——一九九八年にジョスパン首相が導入した週三五時間（つまり年一六〇〇時間）労働法で、現在のところ一五一〇万人の労働者にかかわる（二十人以上の従業員をかかえる企業の六五％）——が、年間の休暇を一一日から一六日に〈解放〉した一方、労働省調査統計局（DARES）の調査では、労働者の六三％が生産性とストレスを増大させました。休日の決定はたいてい雇用主側がおこない（たとえばつねに月曜か金曜）、フレキシブル化は要するに一方通行的に実現されていたのです。事実、労働時間の短縮によって雇用主（フランス企業運動MEDEF加盟の）は、賃金を上げることなく生産性を高めることができました。労働者の八％は賃金が引き下げられました。RTTは社会厚生費を増加させましたが、フランス政府の補助金によって企業はその埋め合わせ以上のものを得ています。RTTは新しい雇用ポストの六分の一を創出したと評価されています。けれどもそれは、労働時間の短縮とともに増大した生産性を考えれば、たいした量ではありません。

「大部分の工場労働者はそれ（RTTそして休憩時間や土曜が実質的労働の時間となったこと）を

後退と感じており、ＣＧＴ（フランス労働総同盟）の活動家は、前世代の闘争で勝ち取った権利を放棄したように思っている…。こうして労働者たちは、まるで所得を改善する可能性を放棄しなくてはならないかのように、物質的問題を二義的な要求として諦めるしかなかった。労働者たちは、労働の再分配の名において、ワーキングプアあるいは最低限所得保障受給者（RMIst）に転落しかねない恐怖のもと、なんとか水面に浮かぶぎりぎりのところにいるようだ」（Beaud and Pialoux, 2000, p.423）。

　要するに、ますます働かなくてはならないわけで、ただそれだけでも――契約労働時間を短縮したり（おそらくは）賃金を引き下げたりせずとも――新しい雇用を生むに充分な理由になるはずなのです。労働時間が短くなれば、賃金コストは上がるでしょうし、厳しい競争に勝ち抜かねばならない企業が、競争力の低下を招くような危険を受け入れるわけがありません。こうした理由から、労働時間短縮には、賃金削減や（たとえ労働時間の短縮に比例するほどではないとしても）、あるいはフランスでのように、フレキシブルな労働時間スケジュールの〈年額換算〉がともなうのです。失業に対する闘いの問題は、〈新しい所得の創出と分配〉に関係しています。現在の所得を就労者と失業者のあいだで再分配し、一人あたりの所得を減らすことではないのです。

貨幣の言語的次元について

検討すべきもうひとつの問題は、ポストフォーディズムにおけるグローバルな金融の次元です。前世紀の国際化の過程に比べると今日のグローバリゼーションは何ら新しいものではない、という意見に部分的に同意することはできます。ですが現在のグローバリゼーションには、まだ当分のあいだ継続する前代未聞の過程と切り離せないような、重要な一面があると思われます。わたしが考えているのは、〈家庭経済の金融化〉、家庭の貯蓄の重要な部分がますます、将来的な収益を求めて世界中の株式市場へと流れることです。

かつては国債が、家庭の将来的収入の見込みを支えていました（追加的あるいは補完的な収入となる年金基金もあります）。しかしそのような貯蓄のフォーディズム的回路は壊れてしまったのです。この新しい傾向がどのような結果をもたらすのか、予見するのは簡単ではありません。確実に出現するのは、〈リスク〉のグローバリゼーションまたはその全世界への分配、前代未聞の「リスクの社会的構築」です（これは国民社会国家〔国民国家と社会国家の合成体〕の縮小と軌を一にしています）。つまり一国的な「リスク共同体」が衰退する一方で、〈超国家的〉国家、グローバルな国家形態が決定的に重要なものとなります。さらに、貯蓄のこの金融化のはじまりを、ポストフォーディズム的生産様式の〈ディスインフレーション的性質〉の内に、つまり時を経て〈再評価〉される金額を支払う年金基金が、リスクの多い高収益を目指すという事実の内に見るとき、新しい金融グローバリゼーションが、生産様式の構造的変化に〈直接〉由来することは明らかでしょう。

この二十年間の金融資本の変容と、それが自由主義的グローバリゼーションの危機のなかで果たした役割を分析するとき、大きな困難に出会うのは、まさに、長期にわたる構造的変移としての〈ディスインフレーション〉の理解です。困難の一端は理論的なものです。資本主義の歴史のなかで、経済的成長の長期の波はつねにインフレーションをともない、それゆえ理論的研究は（とりわけマルクス経済学では）、何よりも貨幣と信用の〈対立関係〉に集中していたからです。困難はまた政治的なものでもあります。ディスインフレーションは以下のものと直接の影響関係があるからです。すなわち、家庭経済の金融化、家庭の貯蓄が株式の割合を増加させたこと、その結果として、グローバルな金融システムの力学のなかで機関投資家がますます重要な役割を担うようになったことです。

困難はまた政治的なものです。なぜなら、生活圏の金融化は、人口統計学的に重大な変化を反映し、再分配を気遣う福祉国家の歴史的展開を示している以上に、ますます曖昧になる「実体経済」とまるで自律的に動くように見える「金融市場」という、ヒルファディング〔オーストリア出身のマルクス主義経済学者、主著は『金融資本論』〕とマネタリストに由来する〈二元論〉を乗り越えることを強いるからです。ロレンツォ・チッラーリオはこう書いています。「二つの主な解釈のいずれにも、つまり新古典学派やマネタリストの考えに近い「ブルジョワ」風の説にも、マルクスを恣意的に援用する「批判哲学」にも、説得力はない。前者は、通貨と金融の自律的な歩みを理論化しているが、貨幣をまるで生き物のように扱う。人間の労働や生産過程とは無関係に資本が自ら増殖するかのように、富が生滅する理由を富の内に見るのである。後者は、金融市場など投機的で虚構的なものにすぎないと非難する。株式相場や株価指数の上昇は「投機バブル」にほかならず、下降は、どうやら、実体経済を逸脱させる倒錯的な金融活動に対する正当な罰である、と見なしているようだ」(Cillario, 1998)。

この二十年間の金融グローバリゼーションを歴史的に再構成しながら、ディスインフレーション(インフレ率の漸減)を、国際貿易価格が下落した主な原因と考えられているアジアの危機よりも前にはじまった構造的過程として描いてきました。これはきわめて重要な事実なのです。理由を言いましょう。第一に、デフレーション過程の開始は、国際経済の頂点、すなわち、一九七九年一〇月のアメリカ、FRB議長ボルカーのマネタリスト政策への転換に位置づけられます。第二に、ディスインフレーション過程は、貨幣言語の伝統と資本の価値増殖過程の革新との矛盾の内に、その総合的な変容力をもっています。資本主義の歴史のなかで前代未聞の技術的飛躍と金融化の起源にあるのは、労働者階級に対する資本の攻撃を前にした、伝統的なフォーディズム=インフレ政策的言語の〈抵抗〉なのです(労働者の抵抗、ケインズ的合理主義の抵抗、給与変動の厳格なトップダウン方式)。生産過程のフレキシブル化と労働の社会的費用の外部化は、第二世代の自律的労働を増加させましたが、それは、フォーディズム的な社会構成を破壊しようとする意志と、マネタリスト的な反インフレ政策の内にある「合理的期待〔人びとがあらゆる情報を有効に活用して合理的な期待形成をおこなうならば、政府による裁量的経済政策は無効になるとする、経済学の理論仮説〕」とのあいだに挟まれた緊張の結果でした（cf. Marazzi, 1998）。第三に、フォーディズム的社会経済体制の崩壊は、〈収穫逓増〔投入量を増やしたとき追加的に得られる利益の比率が次第に大きくなっていくこと〕〉の経済への移行を決定づけました。言語と社会的関係を労働に組み込むこと、工場の門外でも生産的協働を続けることが、収穫逓増の経済のはじまりでしたが、そこで利益率が減少すると、労働力のコミュニケーション＝関係構築的な協働は、ますます搾取されることになります。

先に見たように、「収穫逓増」は、生きた労働の生産限界値を決定するのが、もはや物的不変（固定）資本でも雇用レベルでもないことを意味しています。収穫率が増加するのは、不変資本それ自体が言語的になったからです（社会全体がいわば「不変資本」になったのです）。それは、社会的労働力のなかに直接内在化され、転換した資本の作用による「強力な効果」なのです。

アメリカではかなり前から上場企業の資本支出の九八％が、同じ企業内での〈自己金融〉であり、配当や利率、株式買収（M&A）、買戻し、つまり企業から株主に移された〈金融所得〉の総計は、銀行から借りて株式取引に運用された（これがまさに金融所得になります）貨幣から生まれたものです。一九八五年から一九九七年のあいだに、配当、利率、M&A、買戻しの総計は、投資額全体の五％を越えました（cf. Henwood, 1998）。

言い換えると、企業が銀行から借り入れた資金は、資本投資にではなく、いわばケインズの〈有効需要〉に流れました。しかも無数の家計による金融財が株式投資に回されているのです。たとえば一九九八年、アメリカの家庭の流動資産は一三兆八千億ドルで、その内の四三％が証券、二三％が銀行貯金、一七％がオープンエンド型投資信託でした。そして貯蓄ではなく個々の家計の借金が高レベルの消費を支えています。この傾向はアメリカだけでなく、すべての経済的先進国にあてはまります。

オルレアンは次のように書いています。「たしかに証券は貨幣ではない。証券の流動性は部分的なものであり、交換の普遍的手段としては受け入れられていない。とはいえ証券の流通範囲はすでに非常に広大で、価値貯蔵の手段であるばかりか、ある種の取引においては交換の手段としても用いられている。たとえば株式の購入によってある企業が別の企業を買収したり、管理職の報酬が〈ストック・オプション〉だったりする。それゆえ証券は、まだそれで消費財を買うことはできないが、貨幣の萌芽的形態を備えたものとして分析しうるだろう。この形態が成熟するか否か、文字通りの貨幣になるか否かという問題は、ある意味でわれわれの考察が突きつける挑戦である。なぜならそのような展開は、主権原理のラディカルな変更を意味するからだ」（Orléan, 1999, p.242〔訳、二五五―二五六頁〕）。

ニューエコノミーの性質に関する分析もそろそろ佳境に入ってきました。わたしたちは、金融化が流動性の概念を中心に動いていることを見ました。そして、流動性は貨幣の機能（マルクス主義的に言えば自然的形態）であり、そこでは世論が金融市場の経済に参入する多様な個人を左右していました。投資家の選択／決定の引き金として機能する世論は、慣習あるいは一般に〈真〉または〈支配的〉と認められた解釈モデルを備えています。この慣習は、社会自体から生まれ、生産と消費と想像力の社会的関係の総体として歴史に現われます。ニューエコノミーの社会的金融的な慣習は、テクノロジー、言語、コミュニケーションのパラダイムとして出現しました。

金融的流動性の凄まじい急成長は、ニューエコノミーをただ表面的に見て「カジノ資本主義」と命名する者もいたほどでしたが、それは、通貨創造の場が中央銀行から金融市場へと〈移動〉したことを示しているのです。実際のところ、中央銀行が九十年代を通して維持していた通貨流通量は、世論とそのコミュニケーション行為によって決定されていました。アメリカではもちろん他国でも、通貨当局のどのような計画からも〈自立して〉、通貨の供給は増加しつづけましたが、それは企業や個人の投資家の需要にしたがって増加したのです。FRBは、世論の動きが生みだしたこの流動性の需要をただ〈貨幣化〉していたにすぎません。

貨幣形態の〈質的〉な分析のもとに――後でもう少し詳しく述べますが――、通貨創造の場の中央銀行から金融市場への〈移動〉が、〈主権の性質の変化をもたらした〉ことを見ましょう（注意しておきますが、中央銀行の通貨とは異なる通貨を金融市場が創造するのではありません。流動資産の回転を保証するという貨幣創造の任務を果たそうとすれば、中央銀行が金融市場の動きを追わざるをえないという意味です）。

主に〈銀行〉が流動性の創出をおこなうところでは、主権は国民国家にあります。他方、流動性を創出するのが主に〈金融〉なら、主権は、世論および世論固有の社会＝金融的慣習にあります。第一の場合、貨幣形態が規定するのは、〈市民権〉の原則に基づく社会への帰属形式です。第二の金融の流動性の場合、貨幣形態が規定するのは、超国家的な空間、グローバルな市民権であり、そこでは国民国家的な代議制よりも世論の体制が支配的になります。

ニューエコノミーとアテンションエコノミー

次章でニューエコノミーの循環と危機の力学を詳しく分析しますが、その前に、ポストフォーディズムに典型的な認知的／反省的な労働時間の増大、そしていわゆる情報領域の無制限の拡大という、この両極から生まれた大きな矛盾を検証してみます。ベラルディはその著『不幸の工場』にこう書いています。「テクノロジーの文脈では、グローバル機械のリズムが加速しつづけ、サイバータイム、個々の頭脳の限界能力を越えて、サイバースペースがますます拡大する。コミュニケーションの文脈では、情報領域すなわち競争や生存を左右する記号に満ちた領域が無制限に拡大する。この状況はまさに、パニックというギリシア語に表現されているものではなかろうか」（Berardi, 2001, p.78）。パニックの語源はギリシア語のパンで、「存在するすべて」という意味です。パンという名の神の訪問を受けた者たちは、「至高の狂乱」に陥ります。

トーマス・ダベンポートとジョン・ベックは、サイバースペースとサイバータイムのこの葛藤を、共著『アテンション・エコノミー』（2001）のなかで詳しく取り上げています。ニューエコノミーで「稀少なのは人間の注意＝注目《アテンション》である。電子通信の帯域の広さは問題にならないが、人間の帯域の広さは問題になる」のです。二人にしたがえば、テクノロジー革命はたしかに情報に向けて社会の扉を大きく開きましたが、際限なく増加する情報の供給は、人間の〈有限な〉需要に衝突するしかありません。しかもその需要は、労働時間が長くなり自分自身や身近な人々に注意を向ける時間が短くなるほど、ますます小さくなります。

要するに〈情報過多〉の状態です。ニューヨーク・タイムズ紙の日曜版一部に詰め込まれた情報は、十五世紀の読者が入手しえた文書のすべてを合わせた量よりも多いのです。「当時の問題は、読書のための時間を見つけることではなく、時間を埋めるために充分な読み物を手に入れることだった。情報は売手市場であって、書物は、言ってみれば農民よりも貴重なものだった」。

〈情報過多〉の例を続けましょう。毎年出版される書物（全世界で三〇万冊）のほか、インターネットでの情報（世界中のウェブは二〇億ページで、一〇〇日毎にアクセス数が倍増しています）、データバンクの増殖（市場のデータベース数は一万一三三九）、そして現代の平均的規模のスーパーマーケットには、およそ四万種類の商品が置かれています。これらすべての財に埋もれて、平均的な消費者の注意を惹くのは明らかに不可能ですから、その注意そのものが文字通り購入されることになりました。つまりアメリカの非耐久財生産者たちが一九九九年に費やした広告費は、二五〇億ドルに達しています（これは同年のスーパーマーケット・チェーンの利潤の五倍にのぼる額です）。

もうひとつ別の例があります。もし世界中の人々（六〇億人）が丸一年のあいだ喋りつづけたとして、発音された単語のすべてを伝えるのに、一九九六年から二〇〇〇年のあいだに製作された通信システムを使えば、およそ数時間で足りるのです。

注意の需給の不均衡は、〈情報ストレス〉のパニック抑鬱症を引きおこしました。〈注意欠陥障害（ＡＤＤ）〉の治療に用いられるリタリンのような薬品は、一九九〇年から今日のあいだに九倍も売れ行きを伸ばしています（cf. Gilioli and Gilioli, 2001）。

〈アテンション・エコノミー〉は、新しいテクノロジーがもたらす情報へのアクセス率が大きく伸びた結果です。顧客＝消費者を惹きつけ維持するには、まず注意を向けさせなくてはなりません。その費用はますます増大しています。生産の単位費用が減少するのに比例して増大しています。事実ニューエコノミーは、その〈供給〉面において〈収穫逓増〉なのが特徴的です（〈収穫逓増〉となったのは、無形資源に比べて物質的原材料の重要性が失われ、〈収穫逓減〉の法則が無効化した後のことです）。ですが財とサービスの〈需要〉面においては、注意（およびその配置）は収穫〈逓減〉であり、つまり注意が経済の物質的原材料に置き換わったのです。注意は〈稀少資源〉であり、きわめて〈壊れやすい〉ものです（ある方向に注意が行けば、同時に別の方向へ行くことはできないし、ある特定の作業に要する注意が多すぎると、注意の限界時間は減少するでしょう）。ノーベル賞を受賞した経済学者、ハーバート・サイモンは、「情報が何を消費するかは明らかだろう。それは情報の受信者の注意を消費するのである。したがって情報の豊かさは注意の貧しさを生む」と述べました。

インターネット企業がネットワーク利用者の注意を集めるのは当然です。それゆえニューエコノミーの拡大局面では、高い利潤率を求めるベンチャー資本が流入し、これらの企業は非常に潤いました。投機バブルを避けることは、情報供給の総量を実現するために社会的に必要な注意を消費する人間の能力と、情報領域とのあいだに構造的な不均衡が存在するかぎり、ある意味で不可能でした。

よく考えてみれば、まさに本当のパラドックスです。一方では、ポストフォーディズム革命がフォード＝テーラー・システム的労働の不満を乗り越えようとして、「自律性の移譲」や「労働の個性化」という経営技術を実行しています。そこから出てくるのは、誰よりもウルリヒ・ベックが語る「反省的労働」です。けれども他方では、この自律性や責任の移譲を通しても労働の風通しは良くならず、労働者の実存にのしかかる重圧は軽くなりませんでした。それどころか、完全に社会化された工場システムのなかで、労働はますます重く深く生の内に組み込まれていきます。〈非生産的〉な時間を排除して、勤務外の資源と能力を労働に用いながら、労働のポストフォーディズム的変容は、国際的な財の総供給量を吸収するに欠かせない注意の時間を減少させました。

注意の需給間に見られるこの〈不均衡の危機〉にあって、競争はかならず情報の生産と流通の〈独占化〉をもたらします。けれども独占によって情報財供給サイドの競争者数が減るとしても、注意の需給間にある構造的なギャップを埋めることはできません。人間のものである以上に、このギャップは〈金銭的な〉ものです。注意を向けさせるために、ライバルを排除して供給を実現させる投資が必要なら（著作権の所有のほかに）、需要側（つまり注意を消費する側）には、市場に供給された情報財を購入するための所得が必要になります。

けれどもこの追加所得は、少なくとも大半の消費者にとっては不可能でしょう。〈アテンション・エコノミー〉では、所得は増加するよりも減少するように見えますし、実際のところ、労働時間の増大につれて収入は減少しているのです。他方で、もし注意の時間を増やせば、賃金収入を得るための時間は不可避的に減少します。

九十年代末のニューエコノミーの危機が、情報の供給と注意の需要の不均衡によっていかに説明できるか、見ていきましょう。それは、資本主義の矛盾、同時に商品であり貨幣であるという、価値の形態に内在する矛盾です。商品はますます多くの情報をともない（それは市場のニッチを切り開くために不可欠です）、貨幣＝所得はますます、有効需要を増やすことなく分配されます。九十年代の金融化は、たしかに追加所得を生みだしましたが、その追加所得を不平等に分配したという以上に、賃金と安定雇用を〈破壊〉しました。安定雇用と正規賃金を破壊することによって、労働者＝消費者は財やサービスの消費よりも仕事探しに多くの時間を割かねばならず、注意の欠乏が深刻化しました。投資利益を生むために金融市場が要求した条件は、ダウンサイジング、リエンジニアリング、アウトソーシング、M&Aといった過程を促進させるもので、こうして労働力は極端なまでに不安定化されていきました。情報財を生産するのに必要な資本は、事実、ポストフォーディズム的工場の労働力の質にたいする報酬から差し引かれました。労働力は、ただ単に生産する力なのではなく注意を消費するものであり、ただ単に賃金コストなのではなく所得でもある、ということが考慮されていなかったのです。

第二章　新しい景気循環

危機のクロニクル

ニューエコノミーの〈景気循環〉を研究する必要性は、グローバルな市場が想定外の〈流動性の危機〉を迎えた二〇〇〇年一〇月、誰の目にも明らかになりました。石油価格、中東情勢、同年三月から下落を続ける株価指標、数多くの〈ドット・コム〉企業の消滅、アジア諸国で次から次へと続く倒産、不安定なユーロ、といった危機的な要素が折り重なって〈リスクの再評価〉を余儀なくさせ、世界経済に少なからぬ金融問題を引きおこしているわけです。ビジネスウィーク誌の最初の分析を見れば、アジアの危機やロシアの危機とは異なり、世紀末の流動性の危機は金融市場にも銀行システムにも打撃を与え、二〇〇一年には景気後退のリスクが増大するだろうと書かれてありました。

モルガン・スタンレーのエコノミスト、スティーブン・ローチによると、わたしたちは「情報化時代の最初の景気後退期」に入ったのです。それは「行き過ぎた投資ブームの典型的なケースであって、これを是正するには長い時がかかる」のだそうです。アメリカ経済が過剰生産した財とサービスについて、ビジネスウィーク誌が報告していますが、それはかなりショッキングなものです（「すべてが多すぎる」、二〇〇一年四月九日付けの記事より）。電子通信の分野では、光ファイバー・ネットワークのうちデータ転送に利用されているのはわずか二・五─三％にすぎません。たとえば台湾では、半導体製造業の稼働率は生産能力の七〇％で、二〇〇一年上半期だけで全投資支出が一六％減少しました。すべてのコンピュータ関連部門で需要が崩れ、解雇が増えつづけています。自動車産業では、あちらこちらに新しい工場を建てた後で、閉鎖と解雇の時がきました。小売業や広告業も厳しい削減に耐えています。

ローチと、ＦＲＢ議長のアラン・グリーンスパンにしたがえば、この過剰生産に到達した原因は、労働の生産性の単なる〈見かけ〉の増大でした。つまり生産性が増大した原因は、企業の生産活動による実質的な増益ではなく、〈ハイテク〉（インプットが等しければアウトプットはより大きい部門）への投資の拡大だったのです。事実としてそれは、縮小したとはいえ、一九九五年から平均二・四％の生産性上昇率を見せ、一九七三年から一九九〇年までの数値に比べて約二倍の伸びを示しています。

問題はかなり複雑です。企業は、いくらか控え気味ながら〈ハイテク〉への投資を続けました（二〇〇〇年初頭の三二・四％から二〇〇一年第1四半期の一〇・七％まで）。プライス・ウォーターハウス・クーパーの報告によると、ニューテクノロジーに投資した企業は、二〇〇〇年の一年間に生産性を一三・四％増加させましたが（二〇〇〇年の第4四半期にはすでに減速期に入っていましたが、それでも生産性は二・二％増加しています）、情報技術に投資しなかった企業は四・九％しか増加させませんでした（「テクノロジーにうもれて」、フォーチュン誌四月十六日付けの記事を参照）。したがって、企業の側からの不買同盟は単に一過性のものかもしれません。

アメリカの消費者の出費は、家計にのしかかる借金にもかかわらず、二〇〇一年前半は減退の兆しさえ見せていませんでした。けれども失業が増えつづけると危険な状態になるでしょう。毎日のように何千人もが解雇されているのです。しかしながら現実には、二〇〇一年前半の消費は実質二・五％増加しています。この逆説の原因は住宅価格の上昇です。二〇〇〇年六月からの一年間で、住宅価格は、九％というこの十年間でもっとも高い上昇率を示しました。一方で株価の下落は、あまり消費志向のない高所得者層を中心に打撃を与えましたが、他方で資産効果（株価が下がれば消費も低下する）は、アメリカ人が自分の年金収入の目減りに気がついてはじめて、広く感じられるようになります。そのとき、資産効果がとりわけ不動産部門を圧迫する可能性はあります。住宅ローンの借り換えのおかげで、消費は、景気後退のリスクを抱えながら現状維持を続けるかもしれません。この現象の下には、まずＦＲＢの景気刺激政策による住宅ローン金利の引き下げがあり、そして単身世帯の増大にともなう住宅需要の増大という人口的要素があります。

ポール・クルーグマン（Krugman, 2001）によると、またＩＭＦでさえそう表明していますが、高所得者層ばかりを対象としたブッシュの減税は何の役にも立たず（約四〇％の減税の恩恵を受けるのは上位一％の高所得者層です）、いずれにせよ、景気後退が進む速度に比べて対処に向かうのが遅すぎました。

中核＝周辺モデルについて

中核＝周辺モデルは、かつて先進工業国＝発展途上国モデルあるいは南北問題と呼ばれていましたが、国際的な通貨金融システムの危機と変容の起源について、唯一何かを語りうるこのモデルを精査するため、アメリカのニューエコノミーの危機から生じた〈グローバルな効果〉を分析する必要があります。「精査する」というのは、このモデルをあまり機械的に扱わないということですが、それは、今日における商品の生産と分配の社会的過程の分析が、中核＝周辺モデルには見えない部分、支配的経済つまり中核諸国の〈内部〉の矛盾に光をあてることになるからです（cf. De Cecco, 1998）。言い換えると、グローバルな金融システムがどのように機能しているか、その原因と結果の均衡を見いだした反面、政治的に硬直した循環的な表象を与えがちなこのモデルを、〈脱フェティッシュ化〉する必要があります。

中核＝周辺モデルは、文字通りの中核国、一九七一年にドルと金の不換化を宣言し、それから変動為替相場制を導入して以来、世界中の金融政策に影響を与えつづけているアメリカを起点にしています。このモデルの中核国は、莫大な貯蓄を保有し、潜在的債務国に関する情報に基づいて利益を得るために支出をおこなう債権国です。したがって、文化や金融システムの組織が中核国に近い国々は有利な立場にあり、その反対に、入手できる情報が「不完全」で信憑性の確認がむずかしい、帝国の周辺にある国々は不利な立場にあります。

中核国の貸付条件が寛大なとき、一般的には金利が低いときですが、銀行は、国際的金融共同体に加入したばかりの国々、情報が不正確で費用もかかり、回収が困難な場合もある国々の貸付要求にも応じます。その反対に、アメリカで金利が高くなり中核国の貸付条件が厳しくなると、貸付は一斉に撤退をはじめ、とりわけ情報が脆弱で不充分な周辺国を苦しめることになります。中核＝周辺モデルで決定的に重要なのは、中核国の金利の変動なのです。

このモデルにおいて貸付は、貸付をおこなう主要諸国の〈内部〉条件、つまりその国の景気循環の局面に左右されます。たとえばFRBが、アメリカ経済を持ち上げるために、あるいは金融危機を防ぐために、金利を下げるとしましょう。その直接の結果として国際資本はドイツや日本へ向かい、マルク（今ではユーロですが）や円の価格が上昇します。ですが、マルク高や円高で輸出が落ち込まないよう、ドイツや日本も金利を下げるでしょう。すると資本は、ラテン・アメリカやアジアの諸国に流れていきます。

こうして銀行と先進諸国の投資家たちの利潤獲得競争がはじまりますが、この競争が成立するためには、緊縮通貨政策時には通常、貸付の対象とはならない国々も含めて、貸付をおこなえる地域が拡大しつづけなくてはなりません。

資本移動の自由化にともない、このような動きは二十年ほど前から活発になりました。八十年代アメリカのレーガン政権は、貯蓄機関（さまざまな貯蓄貸付組合）にたいして、不動産のほか金融の投資活動を認可しました。そして九十年代に入ると、ＩＭＦは、国際的なレベルで莫大な私的貯蓄をプールしていた機関投資家に、あらゆる投資を認めました。家計貯蓄の金融化、すなわち、伝統的で安全な銀行貯金から世界中の株式市場へと、銀行以外の機関（年金機関や投資信託）に貯蓄を運用させる傾向は、ディスインフレーションが金利を低下させるにつれてますます大きくなり、銀行預金の魅力を減少させてしまいました。

収益率の高い株に貯蓄が流れて生じる危機を回避するため、銀行は最初、不動産市場に目を向けましたが、節操のない貸付をおこなって事態を悪化させ、それから株式市場へと転向しました。こうしてグローバル化した銀行は、貯蓄の地域管理には興味を示さず、資産管理や株主価値を重要視しました。

中核＝周辺モデルでは中核諸国がまず貸付の供給条件を決定しますが、それは、アジア危機の後に開かれた討論での大きな問題点でした。エコノミストと金融オペレーターの大半は、実際のところ、債務国の側つまり信用需要の状態の内に危機の原因を探ろうとしました。何年ものあいだ「アジアの奇跡」ともてはやされた後で、一九九七年の危機が勃発するや、アジアの経済は四方八方から非難を浴びました（不透明性、縁故主義、金融メカニズムの知識不足など）。けれども、このアジアの危機や、一九九四—一九九五年のメキシコの危機、一九九三年の欧州通貨制度の危機（前年のイギリス・ポンドの急落を受け、欧州各国に広がった通貨危機。域内での為替安定を目的に創設された欧州通貨制度は大きな再編を迫られた）の第一の原因は、グローバルな金融市場の動きを決定していた〈中核諸国〉の内にあったのです。

新自由主義のエコノミストにとって危機の原因というのは、本質的にはいつも、情報が不足し不正確であること、そして国際的な資本に依存する諸国への統制が不充分であること、この二点に絞られます。それゆえ、世界貿易機関（ＷＴＯ）のような組織が、一九九八年一二月、国際的な投資の完全な自由化を求めたのです。それは、〈多国間投資協定〉の名のもとに、資本が投下された発展途上国を隷属の軛《くびき》につなぐものでしたが、広汎な反対にあって挫折しました。

どの金融危機、通貨危機にも、それぞれの特徴があります。にもかかわらず、すべてが同じように、新しい金融帝国主義的なこの図式によって解釈されます。アジアの危機の場合、すでに生産性も鈍り、国内の政情も悪化していたとき、経済の全体を真逆さまに転落させた主な要因は、米ドルを基準として為替レートを一定に保つシステムでした。このシステムでは、ドルの価格が上がり国際貿易が低調のとき、貿易赤字が膨らむのです。そのままドルとの平行価格を維持しようとして、アジア諸国の中央銀行は、所持金を急速に減少させ、最後には平価を切り下げることしかできませんでした。

どのような危機であれ、西洋諸国へ資本が還流することによって特徴づけられます。国際金融システムを不安定にする〈短期資本移動〉の役割は、この二年のあいだ盛んに議論されましたが、そこから、投機的な短期資本移動で得られた利益に課税し（トービン税）、世界的な貧困と戦うための資金を先進国政府に供給しようという、国際的な政治運動が旗揚げしました（ATTAC：市民支援のために金融取引課税を求めるアソシエーション）。

ともかく、この短期資本移動もまた、「価格革命」の結果、ディスインフレーションの結果だったことを理解する必要があります。ディスインフレーションは、ポストフォーディズム的生産方式と貯蓄の金融化の結果です。この二つの現象は、〈年金基金の資本主義〉を生みだしました。そうすると機関投資家は、投資の継続と年金の配当の双方を満足させる高収益を求めて、ますます攻撃的に貯蓄を運用しなくてはなりません。年金基金の資本主義では、人口の高齢化と労働人口の減少が主な原因となって、年金システムは、分配の原則（社会保障の第一の柱）から資本化の原則（第二・第三の柱）へと徐々に移行しました。ディスインフレーションが年金収入に及ぼした影響も見逃せません。デフレーションの時代に続く支払金は、年金基金にとって、〈切り上げされた通貨価値〉の額を支払うことを意味します。年金受給者にとってそれは、インフレからは免れたものの、株式市場の地獄を通り抜けてきたものなのです。労働者側と基金運営者側との妥協、「ポストフォーディズム的社会契約」は、リスクは大きいが高利率の短期支払と、経済成長の社会的条件を傷つけない低利率の長期支払とのあいだに定めることができるでしょう。ミシェル・アグリエッタがこう書いています。「もしかするとこれは、大陸ヨーロッパの労働組合にとってひとつの展望をもたらすものかもしれない。ヨーロッパの労働組合は、その歴史的傾向からして、職種の違いを乗り越え、賃金労働者全体の要求を掲げようとするはずだ。賃金労働者基金は、収益性基準に影響を及ぼす媒体となるだろう。短期間で最大の収益を目指すのではなく、企業にたいする安定した管理と引き換えに、長期間保証された収益率を求めるかもしれない」(Aglietta, 2001)。

国際金融のシステムにおける年金基金の役割は、先進国に発して周辺国に拡がる内部矛盾のひとつであり、地方経済を解体しつつ、その自発的な再建を妨げています。この矛盾がますます危険になるのは、ディスインフレーションが金利の引き下げを余儀なくさせるときです。たとえば日本では、一九九九年の円の切り上げ（したがって輸出の減少）を前にして、すでにゼロに近い金利を引き下げようとしてもあまりうまくゆきませんでした。

これらの矛盾のもうひとつは、ＩＭＦの政策の内にはっきりと見られます。国ごとに異なる危機のそれぞれに対して、ただひとつの同じ治療をおこなおうとする政策です。アジアの危機の場合、ＩＭＦの介入は遅きに失したばかりか、そもそも役に立たないものでした。実際のところアジア諸国は、ＩＭＦの指示とはまったく反対に、利子率を下げてケインズ主義的な赤字財政支出の拡大をおこないました。こうして経済を刺激して再び国外の資本を引きよせ、一九九八年から二〇〇〇年のあいだに経済的な立ち直りを果たしたのです。

ＩＭＦの政策はマクロ経済学の理論に基づいていますが、それは世界のどの地域経済にも有効なはずでした。周辺諸国は、自決権をわずかでも保持しようとすれば、自国の特長を何か打ち出す必要があります。しかしそうするには、少なくとも、西洋諸国の望む自由化の過程に歯止めをかけねばなりません。たとえばマレーシアは、一九九八年から国際資本移動を厳しく管理しています。資本の流出を阻止するための措置ですが、たしかに、地域レベルでの民主的な改革をほんとうに実現させるようなものではありません。

ニューエコノミーの危機のグローバルな影響を分析することによって、中核＝周辺のモデルを更新することができます。第一に、中核＝周辺モデルつまり二十世紀の帝国主義研究の全伝統に対して、ニューエコノミーの拡大と危機の局面は、金利ではなく金融市場の動向が資本移動の原因であることを明らかにしました。この相違は非常に重要であり、グローバル市場を支配する論理に変更を迫るものです。すなわち、今日のグローバル経済の主人は、もはや国民国家ではなく、国境を容易に乗り越える論理――〈公的慣習〉のような――に左右される金融市場なのです。

第二に、これも中核＝周辺モデルに対してですが、ニューエコノミーは、アメリカの国庫に莫大な赤字を生じさせ、これを埋め合わせるために、世界中とりわけヨーロッパの資本と貯蓄が、アメリカの金融市場に流れ込みました。アメリカの経常収支の赤字によって、アジアとラテン・アメリカの経済は高い輸出レベルを維持していましたし、ヨーロッパからの資本流入がもたらしたドル高は、ヨーロッパ諸国のニューエコノミー・モデルへの依存を示していました。それは、ヨーロッパがようやく通貨統一を果たした時期だったのです。ユーロは、ドルとアメリカの通貨政策の影響からヨーロッパを保護し、ヨーロッパ大陸とその地方に固有の社会的経済的発展を保証するという、歴史的な目的をもっていました。

以上の事柄に加えて、石油価格があります。一九九九年末から石油の価格は、一バレルが二〇ドルから三〇ドルを越えるところまで、大きく揺れました。二〇〇〇年は前代未聞の石油危機の年になると言われました。レオナルド・マウジェリ（ＥＮＩ〔イタリアの石油メジャー〕の経営陣の一人で、『石油——偽りの神話の物語』（2001）の著者）にしたがえば、原油価格が乱高下する真の原因は、ＯＰＥＣ（石油輸出国機構）の政策にではなく、アメリカが要求する原油の種類（供給量の比較的少ない低硫黄分の軽油）にあるのだそうです。「したがって、石油の需給バランスについて一般的に語ることはますます意味がなくなってきた。重要なのは、いつであれ、生産の側から国際市場に供給された原油が、消費の側の要求する原油の質に一致しているかどうかだ。たとえばまさに二〇〇〇年に見られたことだが、名目的には原油の充分な供給がある一方で（それはＯＰＥＣの計算違いの結果ではあった。ＯＰＥＣは東南アジアの危機——一九九七年秋——が勃発する前に生産量を増やす決断を下していた。危機の直前まで、東南アジアは、石油の消費量を加速度的に増やしていたのだ）、需要の多い品質の原油が比較的少なかったのである」。アメリカは一日に二〇〇〇万バレルの原油を消費しますが、アメリカ国内で生産されるのは八〇〇万バレルにすぎません。ですからこれから先もアメリカは、石油価格を不安定にしつづけるでしょう。それはブッシュ政権の政策とは無関係なわけですが、ブッシュはブッシュで、エネルギー危機の名のもとにその生産者をもちあげ（アラスカ地方などにボーリングを許可したり、原子力発電所を建設したり）、従来のエネルギー政策とは異なる道に目を向けようともしません。

サービス業を拡大しエネルギー備蓄に投資して、二十年間エネルギーの消費を減らしつづけた（成長率と比較して）経済に、エネルギー分野の〈規制緩和〉は、「七十年代の危機」を甦らせました。当然ながら費用を払うのは西洋諸国ですが、産業がますます原料の輸入に依存しはじめた途上国もまたそうです。ハリスのアンケート調査によると、アメリカでは、自動車所有者の四六％が、ガソリン値上げのために消費を減らしました。七二％は週末の旅行費を、五三％はヴァカンスの費用を節約し、三一％は車の買い換えを控えたのです（彼らの半数は燃費の良い自動車を欲しがりました）。

二〇〇一年後半からの原油価格の値下げは、アメリカのドライバーたちの需要が減ったからではなく、アメリカの多国籍企業が経営するロシアの原油生産量が増えたからです。このときはじめて、ＯＰＥＣカルテルは、世界に原油を供給する覇権を失いかけました（これはプーチン政権の主要目的のひとつでした）。

二〇〇一年半ば、アメリカの危機の継続を受けて（最初は数か月で納まるように見えましたが、今ではまだ何年も続くように思われます）、ドルは弱くなりはじめました。それは、そのときまで不条理なほど反インフレ的な通貨政策だったユーロの益するところとなり、逆にまさにその頃、内部需要を活性化しようとして、日銀がまた金利を引き下げたばかりの円には不利になりました。東南アジアと南米の諸国はもちろん、新しい（クリントン政権の時代に比べて）ドル安政策の大きな影響を受けました。この自給自足的な政策の目的は、資本財の内部需要が低下局面にあるとき、アメリカの輸出に都合のよい金融市場をつくることでした。

二〇〇一年のはじめから、ＦＲＢは何度も金利を引き下げましたが、金融市場を持続的に活性化することはできませんでした。アメリカ通貨当局の金融緩和政策は、危機からの脱出を不可能にするドルの急落を招きかねないものです。一九九九年から月に三〇〇億ドルのペースで増える経常収支の赤字を穴埋めするため、アメリカの市場は世界中から毎日一〇億ドルかき集めなくてはなりません。でなければドルの平価切り下げは不可避でしょう。ですがもし、これまでアメリカに投資してきた世界の投資家がアメリカの株を手放しはじめたら、通貨価値が下落し、金融市場の弱体化とドル暴落の悪循環が生じる恐れがあります。

アメリカ市場から資本が一斉に退去すれば、フォードやＧＭといった巨大企業の〈債券〉は非常に危険な状況に陥ります。二〇〇一年の一月から五月までに、巨大企業（と公共機関）は一九〇〇億ドル、つまり同時期の経常収支の赤字を越える金額を引きよせていました。

問題をよりよく理解するため、以下のことを思い出しましょう。二〇〇〇年二月の初めにビル・クリントンは、税収による財政黒字でもって、すべての公的負債を二年ほど前倒しにして（二〇一三年までに）支払うと言いました。一九九八年以来、中上流層の所得は増加傾向にあり、さらに株式ブームで生じた所得への課税のおかげで（アメリカでは資本利得に平均一七％の税が課されます）、収入が支出を上回っていたのです。数年の内に国の借金をゼロにしたければ、市場に供給される国債を減らす必要があります。そこで、ポートフォリオの一部を、長期間の契約に合わせて長期の証券へと回さなくてはならない年金基金と保険会社は、急速に減りつつある国債の買収へと争って向かいました。ここに、国債価格の上昇とその収益（長期利率の）の減少という相反した動きの理由があります。

こうした現象の技術的な側面を見たからといって、政治的操作の実質から注意を逸らしてはいけません。それはいわゆる「空の金庫」または「貧しい国」の新自由主義的政策なのです。つまり余剰の収入は、福祉を充実させるためではなく、所得や資本への課税を減らすために、この場合であれば十数年間たまりつづけた公的負債をゼロにするために用いられます。国家の空の金庫は規律的な装置として機能するのです。すなわち、借金のあるかぎり、国庫が空のかぎり、出費は存在せず、社会福祉費のカットだけがあるわけです。断固として反借金の立場をとるエコノミスト誌でさえ、クリントンの決断をコメントしながら、こう書いていました。組み立てラインの故障のために破産するのが分かっているとき、企業にとって借金のないことにどんな意味があるのかと。国の借金をなくすことは、そのために教育や公共交通機関や研究の費用を削り、経済的成長に不可欠な投資を減らしてなお、何の役に立つのでしょうか。

この質問に答えるために思い出していただきたいのは、五十年前にアメリカの鉄道の債券がいかに〈基準点〉、投資家のための指標となっていたかです。それはまさに、福祉国家のケインズ革命から今日まで、長期の国債（三十年間）が金利の動向の指標だったのと同じでした。

公的負債をゼロにする返済期間の短縮が決心された裏には、市場の指標としての役割を、国債から一般の債券へ移そうというアメリカの意図がありました。すでに一九九九年、国債の量が八七〇億ドルの減少を示していた一方で、〈巨大企業〉の長期債券は四六一〇億ドルも増加していました。ともかく国債は予想より早く縮小され、二〇〇〇年初頭、アメリカ政府は、国債の〈基準点〉的役割が終わったことを告げ、もっと牽引力のあるアメリカ企業の長期債券を世界に押しつけたのです。

自由落下とでも言うべきドルの下落は、アメリカの国債から資本が離れた原因でも結果でもありますが、グローバル市場の指標を民営化するという戦略を危険にさらしてしまいます。ニューエコノミーの危機とともに、新自由主義のグローバル政策の未来がほんとうに試されるのです。

ヨーロッパは、ユーロが強くなったとはいえ、アメリカの後を継いで、世界経済を牽引するような力はなく、景気後退期の東南アジアに肩入れすることもできません。アメリカのニューエコノミーに危機が訪れると、ヨーロッパの新しい金融市場（ハイテク証券市場）も萎んでしまいました。とりわけドイツの市場が受けた打撃は大きいものでした。ニューエコノミーのアメリカ的モデルとそれを育成した九十年代の情勢が、ヨーロッパで繰り返されることはなかったのです。

一九九三年にドイツは、財政安定協定（財政赤字を国内総生産の三％以内に抑えること）をマーストリヒト条約（ＥＵの設立を定めた。一九九二年調印）へ追加することをＥＵ加盟国に要求しましたが（一九九九年までにマルクからユーロに移行する条件として）、そのドイツ自身が、今日、協定の厳しい条件を緩和する必要性を感じています。長引きそうな危機のなかで、ドイツ（ＥＵの総生産の三〇％を産出し、どこよりもニューエコノミーの危機の影響を受けています）の目的は、公共支出の対象を固定し、経済の刺激は税政だけでおこない（減税幅を、景気の悪いときには小さくし、逆に景気の良いときには大きくするという風に）、社会的な必要が大きい時代に（失業や貧困化の問題など）、できるかぎり公共支出を減らさないようにすることでした。この案はもちろん、ドイツを越えて、フランスやイタリア、オーストリア、ポルトガル（いずれもマーストリヒト条約の条件を二〇〇一年の時点で満たすことが困難な国です）にも適切だったはずですが、税政はＥＵ加盟各国の完全な自由裁量に委ねられており、結局のところ、条約自体の本来の意味が失われてしまいました。言い換えると、ニューエコノミーの危機は、九十年代を通して欧州中央銀行のマネタリズム政策と限定的社会政策を続けたヨーロッパ統一の危機でもありました。

ニューエコノミーの循環の現局面で印象的なのは、それが初めて完全に同時発生的な世界的危機だったことです（アメリカのみならず、ヨーロッパや南米やアジアの指標も、マイナスを指していました）。とりわけ懸念されたのは、危機の〈拡散〉の規模と〈速度〉でしたが、そこには一連の構造的要因がありました。

第一に、今日の国際貿易は世界の経済産出量の二五％を占め、一九七〇年の二倍になりますが、その大部分がアメリカにかかわります。二〇〇〇年、アメリカへの輸出は、メキシコ経済の二五％、カナダ経済の三二％、日本以外のアジア諸国の産出量の四〇％にのぼりました。強いドルと他の諸国の弱い経済力という組み合わせにより、アメリカの輸出は五―一〇％まで落ちこみそうな状態です。現在、アメリカが危機を脱するためには、三％の成長率が必要とみなされていますが、これではその期待も空しいものとなるでしょう。

第二に、金融と投資のグローバリゼーションがあります。つまり同じ投資家、同じ国際的銀行が、あらゆる金融市場のなかを無差別に動きまわるので、世界の一点で生じた出来事の影響は、瞬時にして他の場所に波及するようになりました。たとえばすでに一九八〇年、日本での株式と不動産の投機バブルの波は、すぐにアメリカにも届きました。また九十年代のナスダック〔アメリカのベンチャー企業向け株式市場〕の株価変動の激しさは、ヨーロッパとアジアに同様の株価変動を引きおこしました。今日、アルゼンチンの不況は、ブラジル、メキシコ、南アフリカの金利を引き上げ、これらの国々の経済的成長の大きな障害となっています。

最後に、近年の多国籍企業の成長は、グローバルな経済の〈連結性《コネクティヴィティ》〉を強化させました。多国籍企業は、景気が良ければ投資を増やし、ありとあらゆる領域に乗り込もうとします――たとえ効率の良くない製品ラインや地方であっても――。逆の場合もそうで、つまりいくつか問題があって景気にかげりが見えると、ありとあらゆる領域から同時に撤退しはじめるのです。

このような「更新」を経た中核＝周辺モデルを基にして、部分的なものですが最初の結論を出してみようと思います。ニューエコノミーは、新しいテクノロジー部門の爆発という側面からも、金融化の側面からも、国際的な通貨＝金融の循環を変形させました。つまり、かつての帝国主義的モデルでは、中核諸国は、内部の矛盾を国外の周辺諸国へ輸出し、自国経済を調整していましたが、決定に関する中核諸国とりわけアメリカの相対的な自律性は（通貨政策や財のフローにおいて）、もはや失われたのです。

ニューエコノミーとは、トニ・ネグリとマイケル・ハートのテーゼにしたがえば（2000）、二十世紀の帝国主義の危機と〈帝国〉の出現をしるしづけるものです。この〈帝国〉は、〈主体〉つまり国家あるいは固有の場所や司令部のない世界システムです。そうして外部の空間（グローバルな資本の循環の外部）はすべて内部化され、内的矛盾をおのれの経済循環の外へ運び出すこと自体が不可能となりました（cf. Galli, 2001）。

マルクスの定義では世界市場の構築は資本に与えられた最大の歴史的課題ですが、事実、グローバリゼーションは、その世界市場の構造の内に組み込まれています。これが、世界市場の歴史的展開における、グローバリゼーションの〈継続性〉の要素です。つまり「資本主義的生産の前提かつ帰結」として、地球的な規模にまで拡大した労働力の搾取が形成されたのです。このような歴史的文脈のなかで、外国貿易とグローバル・マネーの成長が、国際分業と国家間の階層構造の内に成立する〈社会関係〉を編成し、資本のグローバリゼーションを促進させます。

グローバリゼーションの現段階に特徴的なのは、膨大な情報量、産業の脱地域化と集中化、財とサービスの市場の国際化（「グローバル・ヴィレッジ」）、資本蓄積過程の金融化（株式市場の繁栄）、福祉国家の解体、諸経済大国の比重の再規定、といった条件に基づいて再構築された世界市場です。資本主義的生産関係のこのグローバル化プロセスのなかで、技術的分業の問題は速やかに労働力の再生産コストに収斂していきます。こうして、賃金格差を利用した「中心なき集中化」、中核国の企業が管理・調整するフレキシブルな脱中心化の名のもとに、国際的な企業が無数に組織されるのです（Harrison, 1999）。

世界経済はこれまで決して、単にインター＝ナショナル（国＝際的／国＝内的）な経済だったのではありません。つまり、国外へと大きく開かれていても実体は基本的に国内の経済だった、というわけではありません。国際的な通貨金融システムに媒介された、〈中核〉と〈周辺〉、〈北〉と〈南〉、〈先進〉と〈途上〉との〈非対称的な関係〉の決定は、〈金本位制度〉の時代であっても、つねに国際的な経済成長の〈グローバル〉な側面をあらわしてきました（De Cecco,

1998; Strange, 1999; Krugman, 2001)。地域経済の社会的基盤から完全に自律したプロセスの内に、個々の国の経済が包摂され再編された世界＝システム、すなわち全面的にグローバル化された経済を、純粋にインター＝ナショナルな経済モデルに対置させて考えることもできません。グローバリゼーションにおいて、生産の過程と富の分配の〈地域的でローカルな（大都市《メトロポリス》の）決定〉は、グローバル経済の内部に矛盾したかたちでインター＝ナショナルな次元を維持し、強化さえしているのです（Sassen, 1998）。

世界経済の発展が担うグローバルな使命という次元とインター＝ナショナルな次元の混合を考えれば、ハーストやトンプソン（1997）ら進化経済学者による分析の逆説的な結論がよく理解できます。それによると、世界経済は、一八七〇年から一九一四年の時代の方がより「グローバル」であり（国外投資による資本の移動や移民の流れがより大きい）、一九八〇年から九十年代の方がより「インター＝ナショナル」だったのです（多国籍企業の出身国での生産性や物流効率がより高い）。

グローバリゼーションの「連続主義」的解釈が役に立つのは、世界経済のインター＝ナショナルな規則や機関的管理を強化するその提案ではなく、〈生産様式〉の変化や労働の性質の変容を無視したグローバリゼーションの分析が、どのような〈袋小路〉にいたるかを見せてくれるからです。他方で、国際市場が誕生する歴史的過程のなかに〈非連続性〉の要素を析出しようとする解釈には、以下のようなものがあります。まず、貧しい国や途上国だけでなく〈先進国〉でグローバリゼーションが人々の生活に及ぼす影響（Sennett, 1999; Bauman, 1999）、それから、労働者の貯蓄（年金所得）から見た新しい金融資本と資本移動、〈家庭経済の金融化〉の詳細（Aglietta, 1995）、さらに、グローバル時代の新しい組織的暴力の分析（Kaldor, 1999）です。ポストフォーディズム的成長のモデルでは、財の流通圏は資本生産と増大の過程に直接包摂されていますが、その過程は、〈生政治学〉の言葉でいえば地球規模の労働力の管理と調整と再生産を規定しているのです（cf. Hardt and Negri, 2000）。

景気循環に対する相対的に自律した通貨調整が危機に瀕していること、そしてＦＲＢを筆頭とする中央銀行の政策が、株式市場の力学や年金所得の評価に従属していること、これらもまた、社会的富の生産のなかに流通が直接包摂された結果なのです。年金基金や集団的貯蓄は、福祉国家の国債から株式市場の株券へ向かいましたが、そこには、貯蓄と投資のケインズ主義的な分離を乗りこえて年をとること自体を「働かせ」、富の生産のためには何でも利用するポストフォーディズム的過程の雑食的な性質があらわれています（Marazzi, 1998）。

ポストフォーディズム的労働の〈言語的性格〉および技術＝生産の過程の〈ヴァーチュアル化〉（生産システムのデジタル化、情報の流れの高速化、製品の次元と商品サービスの次元の同一化）は、富の生産過程をまさに世界的規模で一変させてしまいました。このとき、グローバリゼーションは、帝国主義の古典的力学から〈帝国〉の論理への移行として定義されるでしょう。〈帝国〉としてのグローバリゼーションは、流通を生産の内に包摂した世界的組織であり、労働力の〈生〉

をグローバルな工場に「就労」させました。この包摂の通貨上の展開は、〈ディスインフレーション〉、非インフレ的な成長、社会的富の構造的な過剰生産です。これに対しては、金利を操作する伝統的手法を用いて景気循環を調整しようとしても、グローバルな金融システムを不安定にすることにしかなりません。〈帝国〉のグローバリゼーションのなかで、金融危機は〈範囲が限定された〉ものですが、地域住民に及ぼす影響は甚大です。グローバリゼーションは、歴史的帝国主義の特徴だった商品や資本の輸出に加えて、集団的貯蓄の輸出を持ち込みました。こうして非インフレ的成長の金融効果（金利漸減の結果としての金融機関離れ）を穴埋めしようとしたのです。この過程で、通貨金融のグローバルな不安定性を決定するのは短期の資本移動ですが、資本移動はますます、投機「そのもの」にではなく、中核諸国の人口のライフサイクルと高齢化率に左右されます。〈帝国〉の辺境にある国々の人口圧力は、実質的な包摂率が高くなるほど増加します。

帝国主義から〈帝国〉への移行期に、世界的な資本の流れや富の不平等な分配が、グローバルな労働力の〈身体〉、その〈多数多様性〉に衝突して、労働の国際的ヒエラルキーの図式、〈中核〉と〈周辺〉の非対称性が問題となります。〈帝国〉が機能するためには労働力の再生産を管理しなくてはなりませんが、それは、アイデンティティの多様性（民族、宗教、文化）を消し去り、〈雑多で不明瞭な共同体〉を形成しようとします。〈帝国〉的グローバリゼーションに典型的な金融の論理は、それが国民国家の諸政府の経済政策に指令を下すまさにその瞬間に、グローバルな労働力の身体を〈バルカン半島化〉〔小国分裂化〕するのです。

バルカン諸国の「人道的戦争」の例は、グローバルな金融政策（八十年代初頭から、旧ユーゴスラビアの機関組織を解体してゆき、高い失業率と貧困率を生みだした国際的金融共同体とIMFの介入）と、民族戦争を勃発させたバルカンの労働者たちの多数多様性との矛盾をはっきりとさせました。NATO介入の〈人道主義的〉性格から透けて見えるのは、まず労働力の身体の中心性、グローバリゼーションの〈帝国〉時代にあってその全領域に〈配慮が払われる〉身体の中心性であり、他には還元できない多数多様な性質をもつ集団的身体の存在論と蓄積過程の超国家的傾向とのあいだの解決不可能な葛藤なのです（Habermas, 1999）。グローバリゼーションの〈帝国〉の人権は非物質的な要素であり、いわば製品の〈サービス〉に似ています。けれども、製品にとってサービスは相互的な関係を定めるものですが、人権の場合には、この非物質的な要素は〈身体なき概念、言語的行為〉として関係を定めつつ、相互的な絆を解き、人間の身体の集団的性質をバルカン半島化するのです。

マンデルによる景気循環

九十年代アメリカ経済の良好な循環から、世界中の経済に莫大な損失をもたらす〈インターネット不況〉へ移行する危険は、景気循環の〈政治的な〉管理に大きく依存するだろう、というのがマイケル・マンデルのテーゼです。ニューエコノミーを強く支持する論客、マンデルは、その著『インターネット不況』（2000）のなかで、ニューエコノミーの拡大と縮小の交替が差し迫っていると主張しました。「ニューエコノミーの性質に関する意見の不一致はまだ広く見られ、そのためになおさら、通貨当局による景気循環の管理は過ちを犯しやすい」。マンデルにしたがえば、循環の転換は、〈ハイテク〉部門への投資の減少によって生産性が低下し、その結果インフレーションが復帰したときに、どのようにFRBが対応するかにかかっています。これは、すでに見たように問題のあるテーゼですが、循環と危機の力学に新しい要素を持ちこむものですから、検討しなくてはなりません。

マンデルの説によると、景気の拡大曲線が後退へと反転するのは、ニューエコノミーの由来するところが、ただ情報革命とその循環安定効果だけではないからです。生産ラインと流通のコンピュータ化は、たしかに在庫の監視に、つまり有効需要に対する生産超過を避けるために有益でした。他方で、生産性の向上と競争の激化という組み合わせは、インフレーションを抑え、FRBが金利を大きく引き上げたりしなくても、持続的な成長を保証していたのです。

問題は、ニューエコノミーが、技術革命である以上に、金融革命だったことです。これが、フォーディズム＝ケインズ主義の景気循環に対して、循環の論理を根本的に変えてしまいました。たしかにオールドエコノミーでも、拡大局面が終焉するとき企業への貸付が縮小されますが、それは、雇用が完全雇用に徐々に近づき、消費が鈍化し、企業から銀行への負債の支払が困難となる過程に重なります。投資家には生産超過の危機の到来を告げているわけです。

けれどもニューエコノミーでは、債権者が実体経済から撤退して景気の後退を始動させる〈リスク再評価〉が、ますます中心的な役割を担いはじめた〈ベンチャー資本〉のために変化しました。それは、九十年代に〈ドット・コム〉企業を誕生させ、経済界全体に企業の再編を進めさせた技術革新に向けて、融資の梃子入れをおこなったリスク資本です。技術をニューエコノミーのエンジンに喩えれば、金融はガソリンでした。ですがそれは株価の変動にあまりにも敏感なガソリンで、市場とりわけテクノロジー部門からの撤退のリスクを増加させていました。こうして、生産性を向上させ全体の成長を牽引していたテクノロジー部門は、大きな打撃を受けます。これが二〇〇〇年から二〇〇一年にかけて生じた出来事だったのです。

リスク資本の途方もない膨張（一九八八年のアメリカの〈ベンチャー資本〉は総計五〇億ドルでしたが、二〇〇〇年には一〇〇〇億ドルになりました。これは〈研究と開発〉に投資されたすべての資本の四〇%を占めます）を許した技術革新への融資のメカニズムは、先に見たような意味での〈一般的知性〉というマルクスの概念によって説明されます。それは科学的な知識の進歩によって歴史的に決定された一般的な知識ですが、マルクスが『経済学批判要綱』に書かなかった事柄もあります。つまりこの知識は、固定資本、機械の内に結晶化するのではなく、ただ生きた労働だけを糧としているのです。

生産と流通の連結やスピードを商品にしながら、コミュニケーションを一連の言語モンタージュへと変容させるところに、〈一般的知性〉の企業的な傾向が見られます。生きた科学的知識として企業化されるとき、〈一般的知性〉は、基本的な研究機関の〈外〉から、つまり大企業や政府機関や大学の〈研究開発〉の外から、融資を受ける必要があります。今日、一ドルのリスク資本は、一ドルの研究開発費に比べて、三倍から五倍の特許や認可を刺激しています。

生きた労働の力は、融資を受けるために機械や施設の内に留まる必要もなしに、イノベーションを生みだします。ここから、投資すべきアイデアを求める資本の急激な増加も(インフラへの多大な投資はますます減少しています。運輸交通関連を除外すれば、コストの低下したテクノロジー部門に向けられた投資は、設備費総額の六三%を占めます)、この〈一般的知性〉への投資方法が不安定化要因となることも、理解することができます。

〈一般的知性〉のイノベーションが普及する速度と分散度に対応するのは、〈ベンチャー資本家〉たちに典型的な短期利潤の追求です。イノベーション志向の企業とリスク資本の融資との組み合わせは、自動車、遠距離通信、ヘルスケア、不動産、公共サービス、配送チェーン、小売店にいたるまで、あらゆる産業に再編を迫るイノベーションの普及を加速させました。テクノロジー株の爆発を単なる投機バブルと見なしてはいけませんが、投機的な要素はたしかに、生産と流通のシステムへのイノベーションの適用期間をかき乱して、世界中の貯蓄をこれらの株式に誘い込んだ原因のひとつではありました。

ヴァーチュアルな〈ドット・コム〉企業は、有形固定資産がなく将来的な売上げに依存するため、株価と利益額との関係（株価収益率）のようなフォーディズム的指標（蓄積過程の歴史的な規則性に基づいて統計学的に設定されたもの）をもとに評価するのが非常に困難です。

市場に現われた情報商品は、無形であるがゆえに何のコストもなく複製（＝再生産）されはじめます。著作権により保護されているといっても、海賊版やコピーによって新製品はまたたく内に普及します。それらの製品の本当の利害は、どれほど広く使用されるかにかかっていますが、潜在的な消費者の方も製品を使う能力をもたなくてはなりません。一見矛盾に思われるこの事情を理解するため、十八世紀末の公共図書館のことに触れましょう。最初、公共図書館の創設は、編集や出版に携わる者たちには、利益を危うくする脅威と見なされました。けれどもそれは杞憂だったのです。無料の読書が普及することにより、最初の読者数＝消費者数（彼らにたいして出版者は出版コストに基づく独占的な位置から書物を販売していました）を大きく越えて、出版市場を拡大することができました。周知のように、読者にたいする独占的な管理は、もはや生産と販売のコストに基づいてはいません。それは流通の管理、つまり知識一般へのアクセスの配分と組織に対する管理に基づいているのです。

新旧の企業の有効性を評価する基準のあいだ、有形固定資産をもつ企業とそれはもたないが知的所有権により利潤を得る企業のあいだの緊張は、市場を生みだす〈時間〉の差、〈商品となるために〉その消費者を生産しなくてはならない製品の普及時間と関係があります。まさにこの時間差が、〈ドット・コム〉企業（わずか数年間で確かな利潤を実現しうることを証明しなくてはなりませんでした〉の価値切下げを市場に強制し、新しい企業の評価モデルを文字通り崩壊させたのです。

ナスダックの証券価格の暴落にもかかわらず、今日もなお重要な地位にある〈ドット・コム〉企業は、長期にわたり非常に高い平均利潤を実現しなければ、現在の株価に信憑性を与えることができません。ニューエコノミーにはオールドエコノミーと同じ基準が適用できませんが、それゆえ金融市場は、ケインズ時代よりもさらに自己言及的になります。先に見たように、市場とは、一人の投資家としての自分が信じていることではなく、他の投資家たちが信じていると自分が信じていることが問題となる主観的な行動の領域であり、経済的合理性が騒音と世論とお喋りの内に現われる場です。金融の世界では、「認知活動は一般性に、共通の指標に向かう」(Orléan, 1999, p.79〔訳、九四頁〕)、つまりケインズの言う慣習に向かいます。

社会の金融化は、誰もが「少数株主」であることを指して、「資産個人主義」という言葉が生まれたほど進んでいます。それは、マルクスが触れていましたが、われわれが〈いない〉ときにも〈いる〉と言うために、〈社会的に必要な外観〉のひとつなのです〈マルクスは社会的に必要な外観のひとつとして〈賃金〉を挙げています〉。たしかに、九十年代後半、デジタル化された社会が労働や生活様式を解き放つという考えは、社会的に共有された慣習〔=共有信念〕でした。この慣習が、真実であれ虚偽であれ、世界の〈現実的な〉変容プロセスを促進させたことは疑えません。

このような状況で、危機は、ニューエコノミー系企業に対する市場の〈調整力〉を評価する唯一の現実的方法なのです。危機のために、投資家は、技術革新と市場の革新とのシュンペーター的区別にしたがって資本を方向転換する必要に迫られます。危機は、〈デジタルな過剰生産〉、つまり市場の吸収力、有効需要を超過したイノベーションの存在を明らかにします。「デジタルな豊穣の角」、情報財の過剰供給は、すでに拡大期にも潜在していたものですが、後退期には、即座に利益を生まないあらゆるイノベーション資本の価値を下落させることを通じて市場化されることになります（cf. Schrage, 2000）。

マンデルのニューエコノミー循環理論のなかで、危機の開始を告げるのはインフレーションです。〈ハイテク〉への投資が減少し、リスク資本の融資が枯渇して経済が鈍化すると、物価は上昇します。ここがマンデルの循環理論で最大の弱点でしょう。

「テクノロジー部門の循環の下降期、経済は逆説的にもインフレーションの危険にさらされる。生産性の上昇が頭打ちになり投資が減少するとき、企業にとって、商品価格を上げずに賃金アップを埋め合わせるのは困難だろう。そして新興企業の競争力が弱くなれば、大企業が価格を抑える理由などさらにないのだ。ここから推測できるように、下降期、とりわけその最初の数年間は、大企業の価格決定権が増大する可能性が高いのである」（Mandel, p.93-94〔訳、九一頁〕）。

マンデルにしたがえば、インフレーションが回帰する原因は、競争の低下のほかに、イノベーションの鈍化があります。「九十年代後半、情報機器とソフトウェアの価格が急落したおかげで、インフレ率（GDPデフレーターによる）は〇・五％ほど減ることになった。しかしイノベーション率がスローダウンすれば、テクノロジー関連製品の値下げは、おそらくもっと緩やかになるだろう。これは、単純なインフレーションに悪影響を及ぼしかねないものである」（*ibid.*）。

ライバル企業との競争がなくなれば、生産性が低下して利潤が小さくなるのを抑えるため、イノベーション率の鈍化によって商品の値上げが正当化されるでしょう。そしてＦＲＢがインフレーションを危惧して金利を引き上げると、〈ハイテク〉部門への投資はますます減少し、景気の後退に拍車がかかります。

資本財の需要が減少するとインフレーションの危険も〈減少する〉傾向を示す、という事実はさておき、マンデルのテーゼには問題があります。なぜなら、生産性の変化（上昇であれ低下であれ）を本質的にただ新しいテクノロジーの側面から見ているにすぎないからです。生産と流通の回路が再編された〈ジャスト・イン・タイム〉。このシステムのおかげで、十年前は売上高の三倍かかっていた在庫管理コストが今日では二倍に減少しました）その結果としての〈生きた労働〉の視点からも、生産性を分析するべきでしょう。ニューエコノミーの労働の生産性は、賃金同様、劇的なまでにフレキシブルな〈調整変数〉であり、新技術の継続的な採用がなくても上昇しうるのです。

これに関連して非常に印象的だったのは、ビル・レサードとスティーヴ・ボールドウィンの共著、『ネット奴隷たち――WEB労働の本当の話』（2000）でした。ネットの労働環境における階級というよりはカースト制度、〈ニュー・メディア・カースト・システム〉を分析する初めての試みです。二人の著者は、ネットの社会秩序で働く者たちを、十一のカテゴリーに分類し、それぞれの収入と社会的・個人的・人類学的な特徴を描写しています。たとえば最低のカテゴリーの〈ごみ屋〉は、プログラムを組み立てたり整理したり、ハードウェアを交換したり追加したり、顧客の苦情を処理したりして、二四時間働きます。〈警官〉あるいは〈ストリートウォーカー〉は、ネットに出回る性的刺激を取り締まります。〈ソーシャルワーカー〉は、ありとあらゆるオンライン会話を管理して時間を過ごし、〈揚げ物屋〉はがちがちのスケジュールでプログラマーの生活を火あぶりにします。新興成金の〈泥棒貴族〉はまだ多くありませんが、零細企業家の〈もぐら〉は山ほどいます。

ネット工場での職務は極度に不安定で、一年の内に三度も四度も仕事が変わります。勤務時間も明確でなく、福利厚生もなく、社会関係はまさにカースト制です（ただし上昇と下降の移動は激しいのですが）。生産性は上昇しても、労働者の私生活への影響は完全に無視されています。「社会生活の完全な欠如、悲惨な食生活、運動不足、大量のたばこ、神経衰弱の繰り返し、それに加えて痔疾」（Lessard and Baldwin, 2000, p.246）。

循環の拡大期に働くディスインフレーションの力が、ネット技術の生産と応用の縮小期には働かない、と考える理由はどこにもありません。問題は、賃金労働の〈一般的知性〉を直接的または間接的に代表する、アメリカ市民の九一一〇%の人々の生活を、顧みないところにあるのです。

ニューエコノミーの景気循環の下降期には危険回避が増加しますが、このとき、マンデルの言う不況に直結しかねないインフレ過程にたとえ向かわなくても、国外からの融資をこのところ頼りにしている国々、アルゼンチンのように年金システムを完全に民営化した新興国は、ともかく悪影響を受けることになります。〈スプレッド〉（同種のリスクを備えた債務証券間の収益率の差）が非常に大きくなり、減退コストは新興国の国内総生産の一・五ー二%にも上昇します。

循環の〈政治的な〉分析から見ると（それはまたマンデルの関心の中心でもありますが）、〈中核〉も〈周辺〉もともに生の価値を下落させていくことは、まだ証明されていない〈一般的知性〉の普遍的な存在条件よりも重要な問題です。雇用政策研究所の調査、『アメリカ労働状況二〇〇〇ー二〇〇一年』（Washington-DC, cf. www.epinet.org）にしたがえば、一般に主張されているところとは異なり、一九九五年から二〇〇一年まで、ニューエコノミーの〈ネット奴隷〉のような条件で働く人々は、アメリカに暮らす人口の二五%以下になっています。むしろ傾向としては、フォーディズムの従属的雇用とはその形態がまったく異なりますが、従属的雇用の〈拡大〉へと向かいつつあるのです。いずれにせよ、年間を通しての労働時間や収入の二極化はさらに進んでいます（「一九九九年、アメリカ企業の社長が週の半分ほど働いて得る稼ぎは、平社員の五二週分」ですが、一九六五年は二・五週分でした）。

最後に、全米経済研究所の調査にあるように（ハーバード大とLSE所属のR・フリーマンによる監修論文「Y2Kにおける米国経済モデル――先進資本主義の道しるべ?」www.nber.org）、労働ポストの創設、テクノロジー部門の発展、生産率、福祉国家の維持といった観点から、北ヨーロッパ諸国よりもアメリカのニューエコノミーの方がほんとうに優れているのかどうか、まだはっきりと示されてはいません。

第三章　剰余価値の回帰

経済循環と剰余価値の貨幣化

ニューエコノミーの景気循環の力学を検討して、まず驚かされるのは、需要が低下したとたんに、とりわけ〈ハイテク〉関連の需要が下がるや否や、売残りの過剰在庫が溜まりはじめるその速度です。しかもそれは、〈ジャスト・イン・タイム〉や〈無在庫〉の日本方式をかかげて、企業が再編成された何年も後のことでした。つまりポストフォーディズムのマニュアルにしたがえば、過剰生産のリスクは、たとえ完全に排除できなくても、かなり縮小できていたはずなのです。

過剰在庫の問題は、よく〈過剰取引〉の悪影響と見なされています。すなわち、借金で消費を増加させる景気の上昇局面が激しいほど、需要の後退局面つまり売残りの増大も凄まじいものになります。それは要するに、〈拡張的〉な拡大再生産から〈集約的〉な拡大再生産への困難な移行という、昔からの出来事にすぎません。言い換えると、二つの部門（消費財と投資財）がおよそ同じ率で平行して成長する拡大再生産から、生産手段の部門（投資財）だけが成長し、消費財の需要は変わらないか、もし完全雇用に近ければ徐々に減少する（新規の雇用が誘発する消費の限界増加分がより小さくなるかぎり）拡大再生産への移行です。

マルクスの批判的分析から見ると、景気循環の拡大局面における〈過剰取引〉の役割、つまり、消費財と投資財の両部門の賃金と給与から生まれた需要に対する〈追加需要〉の創出は、剰余価値の創出がそれ自体ではその実現に充分な需要を創出しないことを示しています。言い換えると、資本の循環ははじめから構造的に不均衡であり、ただ輸出あるいは公的な〈赤字財政支出〉、またはニューエコノミーの金融市場が生みだす流動性によってのみ、景気循環を維持することができるのです。もしそうでなければ、需要の低下は需給関係を均衡へと引き戻すはずです。ですが現実には、需要が下がるとすぐに売残りの過剰在庫が現われます。つまりそれだけの量の価値（剰余価値）が実現できないわけです。したがって循環と危機のマルクス主義的分析を振り返ってみる価値はあると言えます。

新古典派とは異なり、古典派経済学には、さまざまな段階で生産と消費を結びつける循環、〈経済循環〉という経済の機能をあらわす図式がありました。『資本論』第二巻でマルクスは見事な経済循環を描いていますが、それは十八世紀半ばの重農主義者の図式を高度に発展させたものです。経済循環が資本主義経済の機能の表現として重要なのは、生産と再生産、支出と賃金支出を結ぶ循環の、時間的継起を描写しているからです（図1）。

周知のように、『資本論』第二巻でマルクスはまず、すべての剰余価値が資本家によって非生産的に消費される単純再生産を分析しています。そしてその次に、〈実現した〉つまり〈売れた〉剰余価値の一部が、生産過程自体と雇用を拡大するために投資される拡大再生産を分析しています。

マルクス主義の歴史のなかで一連の過ちと誤解を生む原因となった重要な特徴のひとつは、マルクスが描いている第二巻の図式において、生産手段の部門と消費財の部門のあいだで交わされる商品の交換が、〈交換価値〉（すなわち商品の内に含まれた社会的労働時間）のもとにおこなわれていることです。ですがマルクスのこの分析の中心は、生活財と資本財の〈使用価値〉であって、交換に必要な貨幣ではありません。『資本論』第二巻第二十一章にマルクスは次のように書いていますｓ。「一方にある貨幣が他方での拡大再生産を呼び起こすのであるが、そういうことが行なわれるのは、そこには貨幣なしでも拡大再生産があるからである。なぜならば、貨幣はそれ自体としてはけっして現実の再生産の要素ではないからである」（Marx, 1970, p.510〔訳、五巻、三八二頁〕）。図式でも〈商品1—貨幣—商品2〉の単純な循環が考えられています。〈貨幣〉には、〈商品1〉〈商品2〉〈商品3〉…を仲介する、いわば一過性の働きしかないのです。大切なのは商品の〈通約可能性〉であって、貨幣は単なる価値の評価基準でしかありませ

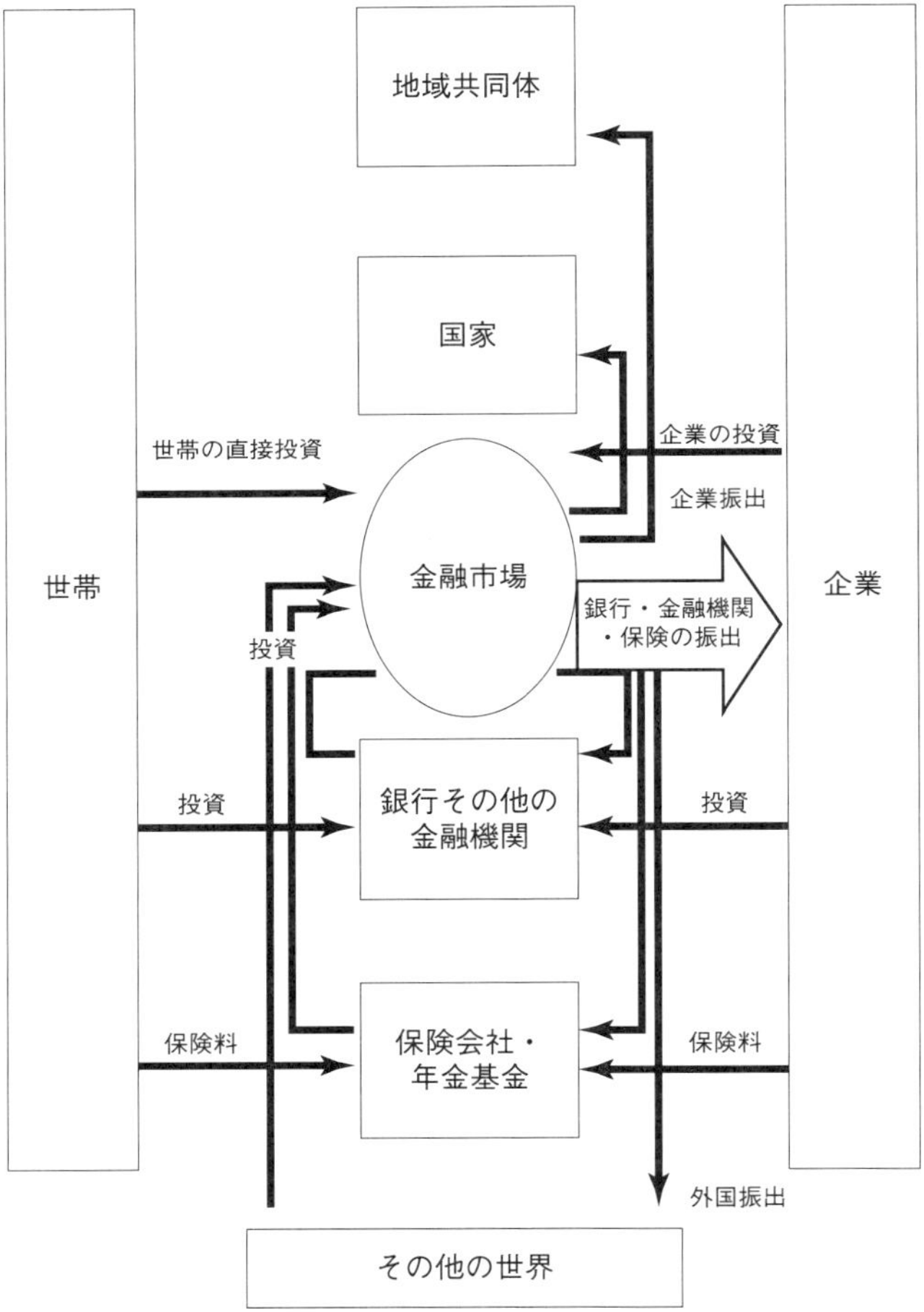
地域共同体
国家
世帯の直接投資
企業の投資
企業振出
世帯
金融市場
企業
銀行・金融機関
・保険の振出
投資
投資
銀行その他の
金融機関
投資
保険料
保険会社・
年金基金
保険料
外国振出
その他の世界

図１　経済循環

ん。

第二巻の一節でマルクスは、剰余価値が貨幣へと転化／実現されることに関心を示しています。全般的かつ現実的な再生産をおこなうには足りない貨幣が、金の生産者によって毎年供給される、という仮定が述べられているところです。ですが金の生産者の解決は、〈商品1―貨幣―商品2〉の単純な循環に関しては妥当なものだとしても、〈貨幣1―商品―貨幣2〉という資本の循環の中心的問題にはまったく応えてはいません。ここで剰余価値が貨幣へと転化することは、循環の持続にとって根本的な事柄です。資本の循環で問題となるのは、もはや〈貨幣〉の量ではなく、貨幣〈所得〉の量なのです。

他方でマルクスは、再生産の図式において「貨幣原料の再生産」を検討するとき、単純な循環と資本の循環との相違を完全に意識しています。「仮りに、全生産が労働者自身のものであり、したがって彼らの剰余労働がただ彼ら自身のための剰余労働であって資本家のための剰余労働ではないとしても、流通する商品価値の量は同じであって、その流通のためには、ほかの事情に変わりがなければ、同じ貨幣量が必要であろう。だから、どちらの場合にも問題はただ、この総商品価値を転換するための貨幣はどこからやってくるのか？　ということだけである。――そして、剰余価値の換金のための貨幣がどこからやってくるのか？　ということではけっしてないのである」（*ibid.*, p.492〔訳、五巻、三五四頁〕）。それは、金の生産者から、あるいは不換紙幣の体制ならば、中央銀行の印刷所から来るのです。わたしたちは、貨幣の〈原料〉について話しているのですから。

資本の循環のレベルで剰余価値が実現するためには、〈販売される〉、つまり〈所得でもって購入される〉必要があります。商品は、一般的等価物としての貨幣の量（金であれ銀行紙幣であれ）に対してではなく、所得の量に対して売られます。不換紙幣の体制でもつねに〈所得〉が問題なわけです。なぜなら、貨幣＝〈商品〉を問題なく生産できる今日の社会のような不換紙幣の体制でも、〈誰が〉これらの所得を生みだすのか、とりわけ、〈誰に〉これらの所得が支払われるのか、というような貨幣所得の問題はまったく変わらないからです。

わたしには本当に根本的なことと思えるのは、たいていの場合、剰余価値の実現の問題が、『資本論』第二巻に描かれた経済循環（土台にあるのは再生産の図式です）によって、〈まるで解決されたかのように〉考えられていることです。つまりセー法則（周知のように需要と供給の〈同一性〉を主張する説）に対するマルクスの批判が、まるで単なる退蔵の問題、〈貨幣1―商品1―貨幣2―商品2―貨幣3〉という交換の鎖を切断し、不均衡を招いて売残りを増大させる、あの所得の循環の中断に、還元されているように見えることです。

たとえ純粋な作業仮説として単純な循環を想定しても、今日の貨幣循環の生産力の発展段階（デジタル化され世界化された）では、もし価値の循環の一点で所得が不足しても（退蔵の一形態である貯蓄が原因で）、自動的に他の場所から貯蓄を移動させて埋め合わせることができますから、セー法則に対するこのマルクスの批判は明らかに通用しません。それはともかく、重要なのは、セー法則の同一性に対する批判に意味があるとすれば、剰余価値がどのようにして〈資本の〉循環の内で貨幣化されるかを、先に言わなくてはならないことです。

実際のところマルクスのなかには、セー法則に対する根底的な批判を発展させ、ローザ・ルクセンブルクの過少消費説〔生産された全商品を消費するのが不可能であるということこそが、資本主義の致命的欠陥であるとする説〕や、ケインズの言う生産資源の遊休へと向かう傾向を、乗り越えるために必要なすべてがあります。けれども条件がひとつあるのです。つまり、不均衡が構造的なものであることを認めなくてはなりません。構造的というのは、要するに、資本主義的生産の循環のはじめに分配されている給与所得のみをもとにして、剰余価値を実現するのは不可能であり、不均衡は生産の局面で生じるという意味です。

『経済学批判要綱』でマルクスは、単純な数学的例を用いて、剰余価値の貨幣化の問題を次のように語っています。「剰余価値として付加され、新たにつくりだされた二〇ターレルの剰余価値がのこることになる。この剰余価値は貨幣であり、流通にたいして否定的に自立的に措定された価値である。この貨幣は、たんなる消費の諸対象と交換するために、たんなる等価物として流通にはいりこむことはできない。それは、流通が不変なものとして前提されているからである」（Marx, 1968, p.373〔訳、I、四六六—四六七頁〕）。

この引用部分でマルクスは、剰余価値は〈貨幣〉であると言っていますが、それは一般的等価物としての貨幣ではありません。ではいったい何なのでしょうか。「貨幣はいまや即時的にはすでに資本であり、資本としては新たな労働にたいする指図証である。…このような指図証としては、貨幣としての資本の物質的実存は無差別的なものであって、どんな名称におきかえてもかまわないのである。ちょうど国債を持つ者のように、資本家はすべて、彼が新たに獲得した価値のなかに将来の労働にたいする指図証をもつのであり、現在の労働を領有することによって同時に将来の労働を領有したのである」。言い換えると、「将来の労働を賃労働として、資本の使用価値として措定する」のです。さらにこれを裏付けるようにマルクスは、「新たにつくりだされた価値にたいしては等価物は現存していない。その可能性は新しい労働のうちにだけひそんでいる」と書いています（*ibid.*, p.374〔訳、I、四六七―四六八頁〕）。

したがって、結論を言えば、新しく生まれた価値（マルクスの例では二〇ターレル）には、一般的等価物としての貨幣量は存在しません。つまり二〇ターレルの価値＝商品を販売するための貨幣所得量は存在しません。ですがもし二〇ターレルを購入したければ、〈将来の労働にたいする指図証〉として機能する所得は存在するのです。それは新たな労働に指令を下す資本貨幣と言えるでしょう。

端的に言うと、「公債と同じく」、剰余価値を貨幣化する〈貨幣〉は存在していますが、その存在条件は物質的なものではありません（「貨幣としての資本の物質的実存は無差別的なもの」である）。それは、将来の労働にたいする指図証として、新たな労働を賃金化する媒体として機能します。言い換えれば、労働力の〈使用価値〉、生きた労働に指令を下す〈貨幣〉として機能するのです。

不均衡は構造的なものだとしても、剰余価値の転化／実現の問題が、歴史的に、一度も解決されなかったというのではありません。解決はまさに歴史的なものであり、歴史的なものとして、循環を調整したり危機を勃発させたりする社会的制度的な様相を研究しなくてはなりません。

わたしたちは、内部では実現できない剰余価値を実現するため、資本の循環の〈外部の出口〉を求める植民地主義や帝国主義を経験しました。周知のように、帝国主義は、循環の外にある貧しい国々に借款を与えて購買力をもたせ、先進国の経済圏の内部では実現しえない剰余価値を輸入させました。途上国にたいする多国籍銀行の政策、負債の罠として有名ですが、それは、剰余価値の貨幣的実現の問題をこうして解決するものでした（cf. Vitale, 1998）。

資本主義経済の悩みのひとつは、蓄積の〈連続性〉を保証することです。蓄積が中断する度に、資本には社会的政治的な危機が訪れます。ですから、資本蓄積の連続性を歴史的に保証する帝国主義的方法は、資本主義的循環の外にある国々の自然経済をまず〈脱構造化〉することです。貧しい国々を脱構造化するわけですが、〈従属〉関係を保つことがその目的なので、再構造化することはありません。もし再構造化すれば、実現できない剰余価値の矛盾は、ただ大きく広がるだけになるからです。負債の罠は次のように機能します。すなわち、周辺諸国に中核諸国への従属関係を破ることを禁じつつ、中核諸国のための販売市場となるよう強制するのです。低開発がなければ発展はないというわけです。

剰余価値の貨幣化問題のもうひとつの「解決」は、福祉国家です。帝国主義が外部によって解決した問題を、福祉国家は〈赤字財政支出〉を用いていわば経済循環の〈内部〉で解決しました。剰余価値の実現に必要な〈追加所得〉は、賃金所得とともに有効需要を生みだすものですが、その創出には必ず〈赤字財政支出〉がともないます。いわば〈無から〉生まれた追加所得であり、剰余価値の実現と実現された剰余価値の再投資が、賃金労働者の雇用を増やして課税ベースを拡大するとき、それは回収されます。追加所得は税収の追加というかたちで戻り、こうして最初の赤字が埋め合わせられるのです。

このシステムが機能するのは、明らかに、その〈連続性〉のおかげ、循環における商品の〈通約性〉を保証する能力のおかげです。不変資本への投資が雇用を創出せずに減少させる時のように、その連続性が断ち切られると、赤字の累積スパイラルがはじまります。実際のところ、循環の連続性を維持するために公共支出を用いて追加需要を生みながら、雇用ベースを拡大しない投資を続けていれば、〈公共支出〉の装置は危機に陥ります。けれども、次の点に注意してください。危機に陥るのは、不変資本への投資が追加雇用を創出しないからではなく、近代の福祉国家では失業手当を受ける失業者の群れが、新しい将来の（潜勢的な）労働力として機能しないからです。

『要綱』のマルクスの言葉にしたがって厳密に言えば、〈無から〉生まれた〈貨幣〉が、剰余価値を貨幣化すると同時に〈将来の〉労働にたいする指図証としても機能するという条件にあるかぎり、赤字は増えつづけるかもしれません。ですが失業したプロレタリアートが資本主義的福祉国家のこの条件を認めないとき、彼らの賃金労働の未来に屈しないとき、そのときは、増税に対して「納税者のストライキ」が勃発します。そしてストライキの後には公共支出の合理化措置がつづき、こうして、まだ生産に用いられていない〈未来〉の労働力にたいする資本主義の指令が、回復されることになるでしょう。

わたしには重要と思われるもうひとつの問題があります。経済循環を研究するとき、基本的にはいつも、暗示的であれ明示的であれ〈国内〉経済の内で考察されることです。したがって、これまで見てきた事柄は各国の内部経済（国民経済）だったわけですが、それぞれの国の内部経済はまた、他の国々の内部経済との関係が織りなす織目のひとつになっています。この関係の総体が〈国際経済〉なのです。

国民経済は各々の計算単位によって貨幣化され（ドルやマルク、リラ、円など）、そしてどの国民経済の循環も、配分された所得の合計と国民総生産はセー法則にしたがって等しいのですから、国民経済間の交易は、超国家的な計算単位によって媒介される必要があるはずです。ですが近代の経済では、国際的な支払いの八〇％にドル（国家通貨）が用いられています。国際交易が国内的計算単位でおこなわれると、国家通貨とその国際的使用との非対称性から、世界的な規模で経済＝金融の不均衡が生まれるのも当然でしょう。

このような理由で、何十年も前から、世界的な経済と金融の不安定に終止符を打つ試みが何度もありました。すなわち、かつての〈金本位制〉に戻るべきか、ブレトン・ウッズのケインズ路線にしたがい無形の超国家的な通貨を制定すべきか（一九四四年にケインズ自身が提案したバンコールのように）が議論されてきたのです。目的はいずれも、どの国にも公平な交換比率で生産物を交換させる媒介的通貨を制定し、さまざまな国民経済の循環のあいだに均衡を打ち立てることでした。

マルクス主義の伝統では、国民経済と国際的交換のこのヴィジョンは、貨幣とは商品の〈普遍的等価物〉であるという定義の内にはっきりと表われています。要するにそれは、貨幣を媒介として交換される商品が、すでに生産された、つまり社会的に必要な労働量をすでに含む商品であるような、単純な循環に関する貨幣の商品学的定義なのです――再生産の図式についてはもう見ました。周知のようにマルクスは、『資本論』第一巻第一章において貨幣のこの形態を展開させています（国民経済の循環については〈一般的〉等価物、商品の国際的な循環については〈普遍的〉等価物）。

実際のところ、マルクスの考えでは、貨幣は〈価値形態〉ですが、商品であり貨幣であるという二重の形態をとる価値なのです。価値形態であるかぎり、その本質は決して一般的な等価形態に還元されません。なぜなら一般的な等価形態は貨幣のいくつもの機能のひとつにすぎないからです（貨幣には、計算の単位、価値基準、交換手段、支払い手段、価値の貯蓄などの機能があります）。言い換えると、貨幣とは、買手と売手の交換の関係における価値の形態なのです。価値形態であるかぎり、貨幣は、近代を特徴づけている〈社会的結合の形態〉、つまり「公私の関係を通して諸個人を計算して集団と地域に組織する方法」です。「社会的結合の形態であるかぎり、貨幣は（機能的に）、交易の道具であり、蓄積の対象であり、権力の支柱であるが、そういった機能に貨幣を還元すればその本質が見過ごされてしまう」ものなのです（cf.Boyer-Xambeau, Deleplace, Gillard, 1986, p.4）。

たとえば資本と労働力の交換という絶対的に根本的な局面で、貨幣は、等価物としては流通の内に存在していない価値形態ですが、資本が労働力を指図する生産回路の内に入るや、生きた労働により〈将来的に〉生産される価値形態なのです。その意味するところは、給与契約に記載された給料は、商品＝給与の等価物を流通の内には有していないということです。それはすなわち〈無から〉生みだされた貨幣であり、労働力が資本と結びついて価値を生みはじめ、給与バスケットの商品をも生産するときに、商品となる支払手段なのです。

言い換えると、生きた〈現実態 **in actu**〉の労働がおのれの商品＝賃金を生むのですから、賃金の支払いは、まさに、対応する貨幣＝商品をまったく前提としないのです。資本の蓄積が停止しないかぎり、流通している貨幣と中央銀行が保有する金に、量的な対応関係はありません。ですが価値の循環が中断され、その結果として社会全体が退蔵に向かうとき、紙幣と一般的等価物との量的距離は、蓄積方法と労働力、資本の価値化過程と労働力の自己価値化過程との質的距離を明るみに出します。

貨幣を、その内にさまざまな〈機能〉を備えた（たとえば普遍的等価物であることも）価値形態であると定義すれば、そのとき経済循環はグローバルな視点から分析されるはずです。グローバルな貨幣は、要するに〈グローバルな価値〉の形態、そのナショナリティが市民権の経済的次元ではなく政治＝国家的な次元に由来する諸々の国民経済が、一致して生みだそうと望む価値の形態です。

ここで、マルクスの次のような奇妙な言葉がよりよく理解できるでしょう。「そのとき世界市場は、同時にあらゆる事柄の前提となり土台となる」。世界市場が「前提」なのは、価値の生産は国民的なものではなく世界的なものだからです。それと同時に世界市場が「あらゆる事柄の土台」なのは、国際的な分業と交換の階層秩序が世界市場全体の枠組みとして機能するからです。

グローバルな価値形態の内部では、貨幣のさまざまな機能の比重が、国際交易（すでに生産された商品の交換）か新しい価値の生産か、両者の重要性の度合いにしたがって、歴史的に変わります。第一の場合、普遍的等価物としての貨幣の機能が、支払手段としての貨幣の機能より大きくなるでしょうし、第二の場合はその反対でしょう。ともかくどちらの場合にしても、根本的な不均衡があるのは、国家的貨幣とその国際的な使用のあいだではなく、労働力とその資本主義的使用とのあいだ、分配された賃金（国ごとに異なる多様な通貨での）とグローバルな剰余価値とのあいだです。

すでに「信用状発行銀行の設立（十六世紀）より一世紀も前に、貨幣はただの金銀に還元されないものだった。それは私的な行為と公的な特権とを結ぶ特定の形態、〈社会性の形態〉であった。十六世紀末、この近代の貨幣に初めて危機が訪れ、その社会的紐帯の要因としての機能の限界が明らかとなった」（*ibid.*, p.11）。近代の貨幣システムの黎明期には、領土＝国家的な会計単位が複数存在していましたが、ここから分かるように、貨幣の関係が国際的なのは、貨幣が国境を越えるからではなく、それぞれの国の会計単位を換算するからなのです。言い換えると会計単位は、経済循環の国籍ではなく、〈資本を価値化するグローバル空間の内的多様性〉を定義しているのです。

ドルが支配する通貨システムに典型的な、〈国家的〉会計単位と〈国際的〉支払手段との不均衡は、一方では、他の国々に比較してひとつの〈空間〉＝国が圧倒的な生産力をもつ結果であり、他方では、価値の生産／循環の過程を世界のどこかで中断させない強力な経済の必要性を反映しています。

最後に、以下のことも考慮に入れておかねばなりません。たとえ非物質的な（兌換不可能な）通貨体制であっても、一般的な等価物という貨幣の機能は、決して、金の消滅とともに無くなるわけではありません。ただ普遍的等価物が、世界経済を支える金融装置の役割を果たす通貨の機能や制度の組合せに（たとえば、固定相場制、変動相場制、強い通貨や「良質」証券の体制などに）、時に応じて取り換えられるだけなのです。

循環形態の合理性

「経済が未発達な漁村を想像してみましょう。唯一の消費財は魚です。唯一の生産活動は漁です。そこで、村民たちが、将来的により多くの魚が獲れるだろうと期待して労働手段を改善する、つまり生産性をあげるために、消費を抑えて〈剰余〉を自由化する決断を下したとしましょう。何人かの男たちは漁に出るのを止め、丸木舟の製造に従事することになります。こうして、消費財の消費が減少し、投資が増大し、消費財の生産が減少するとともに生産手段の生産が増大します」(Arrighi, 1974)。

この物語の「教訓」は、以下の通りです。第一部門つまり資本財の生産は、第二部門つまり消費財の生産と無関係には発展しない、むしろもっと重要なのは、消費財を生産する部門が縮小するに比例して発展するということです。この架空の共同体は、反比例の関係にある二つの部門を調整することが〈可能〉というだけでなく、そうする〈必要〉があります。それが均衡を保つための条件なのです。これは、二つの量が競合するときの自然なかたちでしょう。生産の〈社会的潜勢力〉つまり全体を構成する要素が二つしかなければ、互いに反比例の関係になるのは当然と言えます。

「さてここでまた想像してみましょう。この漁村に企業家がやってきて、村のあらゆる経済活動を私有化し、すべてを自分の手中に収めたとしましょう。するとこれまでの基本的な関係が逆転します。魚の消費が減るという時に丸木舟の生産を増やしたり、魚の消費が増える時に丸木舟の生産を減らしたりする企業家はいません。経済的な決定権をもつ者の意図にしたがい、いまや投資は消費に比例するわけです」（*ibid.*, p.380–81）。

ある意味で資本家は不都合な仕方で動かざるをえません。増加した社会的生産物の一部が最終消費に吸収され、投資の手段が稀少なものになりはじめるときに投資し、最終消費が減少して投資の手段がまさに豊富にあるときに、投資を減らすわけです。生産物の実現（販売）のレベルで、社会的な生産と富の私的獲得との根本的な矛盾が明らかになるのは、まさにこういった形式のもとなのです。資本主義的生産様式、すなわち市場経済の構造的不均衡は、実際のところ決定的なものと言えます。

ここで次のように問うことができるでしょう。この不均衡にもか**か**わらず、企業家の私的利益と社会的生産の客観的条件との根本的な矛盾にもかかわらず、どうして自由市場システムは放棄されないのか、と。それは、「漁師たちの」〈資本主義的〉共同体で、丸木舟の製作と魚の生産＝消費の両方が、同時に増えるか減るかすることがあるからです（つまり丸木舟と魚の合計総量は〈弾力的に〉変動します）。ただしひとつ条件があります。すなわち、共同体のなかに、状況にしたがって自由に使用または放棄できる失業者そして／あるいは生産手段の備蓄がなくてはなりません。

たとえば、経済システムが開かれているなら、そのときは生産力の内的な備蓄の他にも、資本や労働力の外的な生産力の供給があるわけです。この供給は、社会的生産つまり実際に稼働する総生産力の実効的な潜勢力にたいする〈追加的弾力性〉を条件づけています。この内的または外的な備蓄、要するに不完全雇用へのこの傾向自体のおかげで、資本主義経済は、漁村の論理とは反対の論理に基づいて機能します。すなわち、生産の潜勢力の増加と投資の減少に応じて消費するのではなく、追加的消費の〈増加〉に応じて（消費が非生産的に見えるのは表面的なことでしかありません。実際のところそれは労働力の将来的な生産性を確保させているのですから）生産し投資するのです。これが栄光の三十年間と言われる経済的奇跡の秘密です。この時代の実質的な賃金上昇は、経済的成長を妨害するどころか、その〈原動力〉として機能したのです。

経済循環の機能の土台には構造的な不均衡があるという前提に立つとき、正確に言えば所得／消費よりも生産／供給の方が大きいとき、〈過剰取引〉がおこり、循環の内部で創出された所得へのこの〈追加所得〉によって、景気の拡大と縮小の揺れ、つまり〈循環〉のメカニズムが説明されます。〈過剰取引は、循環の均衡を崩すのではなく、ダイナミックにそれを立て直しています〉。したがって追加所得（資本主義的循環の外にある輸入国への信用貸しや〈赤字国債〉から生みだされる）は、古典派と新古典派の経済学者が一般均衡と呼ぶレベルの総所得を導くものなのです。

けれども〈循環の外で〉生まれたこの追加所得が前提とするのは、資本の〈集団利益〉の意識、もし階級として組織されなければ先へ進むことはできない諸個人の利益の総体が、経済循環の本性を構成しているという自覚です。事実、個々の企業家は、従業員の給料を純粋なコストと見なしているのであって、おのれの剰余価値を売ることのできる最終所得の一要素だとは考えないのです。

フォーディズムの時代、〈過剰取引〉の推進力は、国際交易の力学（従属理論の言う周辺国への輸出）に組み込まれた福祉国家の〈赤字財政支出〉でした。このとき、景気循環はケインズの指示に基づいて管理されました。つまり、経済システムには不完全雇用の傾向がありますが、福祉国家による追加需要の創出は、ともかくつねに帝国主義的な国際的文脈内で、未就業の人的資源を賃労働力に変えることができました。言い換えると、フォーディズム＝ケインズの景気循環は、「一般的な勤勉性」を増進させ、中核諸国には完全雇用を、周辺諸国には再建なき解体をもたらしました。

ケインズの循環の内部では、拡大の上限の閾値、それを越えると後退期に入る閾値は、完全雇用です。徐々にこの閾値に近づくにつれ、あるいは消費の増加率が鈍るにつれて、〈過剰取引〉に由来する負債が増加し（公的なものであれ私的なものであれ）、循環の上限の近いことが明らかになると、どの銀行もいっせいに、拡大期にばらまいた信用貸しを回収しようと懸命になります。こうして拡大局面は後退局面に転化し、〈過剰取引〉の蛇口は閉じて、貨幣に転化しえない剰余価値が、売残り在庫というかたちで表面化します。その剰余価値というのは、少なくとも最初の内は主に資本財です。

フォーディズムの時代、追加需要を生みだす福祉国家の役割が、帝国主義的経済循環の外部市場という周辺諸国の役割を決して排除しなかったように（周辺諸国が経済的な発展を開始したところでも、中核諸国への従属は続きました）、ニューエコノミーの時代、景気循環の金融化は、剰余価値の貨幣化装置としての福祉国家と経済世界の役割を排除しませんでした（もちろん縮小はしましたが）。

ＦＲＢ議長から軽率にも「根拠なき熱狂」と呼ばれた（一九九六年、つまり崩壊のはじまる四年も前のことです）金融市場の〈過剰取引〉にとって、循環の上限をもたらすものは、もはや一般的人的資源の完全雇用というフォーディズム＝ケインズ的傾向ではなく、〈認知的人的資源〉の完全雇用への傾向なのです。情報財の供給を吸収する人間能力が限界に近づくとき、経済的拡大の継続を保証する金融の〈過剰取引〉は終わり、現需要の吸収力を超えた情報財剰余価値、「デジタルな豊穣の角」の存在が表面化し、「流動性選好」つまり社会的規模での退蔵が優勢になります。ここにニューエコノミーの危機がはじまるのです。

『要綱』のマルクスを振り返ってみましょう。〈将来の労働にたいする指図証〉として〈無から〉生まれた貨幣、つまり流通している通貨量とは無関係に創造しうる資本貨幣の創造は、一般的人的資源を資本管理下の労働力に変える過程が〈硬直〉すると停止します。フォーディズムのパラダイムが破裂したのは、賃金の上昇が、その〈肯定的〉な経済的機能の背後でいわば〈否定的〉な政治的機能をもち、景気拡大期のただなかで労働者の抵抗する力を伸張させたからです。他方、ニューエコノミーのパラダイムが危機に陥るのは、〈金融の過剰取引〉が中央銀行の通貨調整力を危うくするときに、社会的な富の生産様式そのものが、剰余価値を貨幣化する所得の創出にかかわる通貨当局の政治的管理能力を蝕むからです（cf. Mayer, 2001）。

九十年代末のテクノロジー株への熱狂と十七世紀初頭オランダのチューリップ熱、これを比較するという誘惑には勝てそうもありません。サイモン・シャーマが次のように書いています。「このような投機の爆発のうち、最も名高く、確かに最も凄まじかったのは、一六三六―三七年のチューリップ狂騒事件でした。単なる花が相手とは思えないその異常な取り扱いに驚き怪しんだ数多くの人々が、事件についていろいろと書き残しています。これらを読めば、ただ根本的に市民階級的な文化だけが、投機のトロフィーとして他愛のないチューリップを――たとえばエメラルドやアラビア産の馬ではなく――選ぶことができた、と思われてきます。ですが十七世紀のチューリップと市民階級は何の関係もありません。チューリップは、少なくとも最初、エキゾチックで蠱惑的な、危険な匂いすら漂わせるものでした。稀少な花が大規模な市場に出せるように見えはじめた瞬間、潜在的な需要が急激に高まりました。専門家の標本から誰にも入手可能な商品へのこの変容が、熱狂を引きおこしたのです」（Schama, 1988）。チューリップの球根の過剰生産の危機とその投機バブルの歴史的真相に関しては、まだはっきりとしないところはありますが、研究者のなかには次のように考える者たちがいます。〈オプション取引（ある目的物を将来の一定の時期に一定の価格で取引できる権利の売買）〉のような金融手段が大々的に用いられたのは、これまで独占的な立場を享受してきた経済団体が、増えつづける市場参入者の数を制限しようとしたからだろう、と。それは、チューリップが誰にも入手可能な標準的生産物となった瞬間におこったのです。

九十年代の新しいテクノロジーは、株式で一挙に富を築く〈チャンス〉を表わしていましたが、協働と解放の両次元における〈一般的知性〉を表現してもいました（これに関しては、情報革命を歴史的文化的に再構成したM・レヴェッリの『二十世紀を超えて』第二部「フレキシブルな人間のジレンマ」を参照）。実に多くの若者にとって、シリコン・バレーへ行くことは移民するのと同じでした。彼らは、持って生まれたおのれの能力が生かせるかどうか、自分を試しに出かけていきました。コンピュータの「平凡さ」、その〈直接的〉な協働ネットワークの力は、非物質的な財を理論的には無制限に生産する梃子となりました。産業（＝工業）時代、資本循環の内部で、あらゆる生産資源が労働にかり出され、賃金はもう政治的には名目的にすら増やせなかったとき、移民が招じ入れられましたが、それと同じように、ある意味で〈一般的知性〉は、経済循環の「外部から」持ち込まれたのです。

金融市場を社会的規模の所得／配当創出装置（公平ではないとしても）に変容させたテクノロジー財の〈標準化〉は、しっかりと考察する価値のあるものです。リフキンが言うように、消費財であれ資本財であれ（有形無形を問わず）商品を「購入するか長期間借りることよりも、ニューエコノミーでは、財やサービスへの一時的なアクセス――さまざまなレンタル品など――の方にますます人気が移る」のなら、新しい資本の特質が生活スタイルの管理として現われるのなら（商品は「もはや生活スタイルの表現ではなく、その反対に、生活スタイルが商品の社会的表現となった」）、そのとき、文化や性や民族や経済状況がさまざまに異なる労働力の商品化は、労働力の〈言語的前提〉に基づくことになるでしょう。それは何か特定の言語や文化ではなく〈一般的〉な言語能力、つまりあれこれの商品の使用／消費が求める生活スタイルに順応する能力です。

この側面から眺めると、ニューエコノミーが提唱した〈収穫逓増〉の理論がよく理解できます。何らかのイノベーションは、たとえそれがいかに小さく、あるいは偶然の産物であっても、社会的にそれを消化吸収できる力（言語的な）があれば普及するでしょう。「持つ者には与えられるであろう」と、サンタ・フェ研究所の複雑系経済学者ブライアン・アーサーは言います。収穫逓増の理論を説明するために、よく出される最初の例は、タイプライターに使われている標準的なＱＷＥＲＴＹキーボードです（この名称は左上のキー配列からきていますが、イタリアではＱＺＥＲＴＹになっています）。「これがタイプライターで文字を打つときに最適のキー配列だろうか？　そんなわけがない。クリストファー・ショールズという技師が一八七三年に設計したＱＷＥＲＴＹキーボードは、タイピストの手を遅くするために考案されたのだ。当時のタイプライターは、タイピストの打つ手が早すぎると、印字のハンマーとハンマーが絡まる不都合があったからだ。だがレミントン・ソーイング・マシン・カンパニーが、ＱＷＥＲＴＹキー配列のタイプライターを大量に生産しはじめると、大勢のタイピストがこれに習熟するようになった。そうすると他の会社もＱＷＥＲＴＹ式のタイプライターを作りはじめ、他のタイピストたちもまた、広く普及したその独特のキー配列に慣れるようになったのである」（Waldrop, 1987, p.45〔訳、五三頁〕）。

ほとんどゼロに近いぎりぎりのコストで無形財を生産する企業が利益を上げようとすれば、その新製品へのアクセスを拡大する絶対的な必要があります。収穫逓増の理論は〈一般的な〉言語能力に関係しています（ＱＷＥＲＴＹキーボードは、最高のタイピストたちの速度を〈落としながら〉、世界中の人々の言語能力を「働かせた」のです）。けれども同時に、収穫逓増はイノベーションの独占、知的所有権を〈前提〉にしています。それがなければ、一般的な言語能力によって複製可能な富が大量に領有されてしまうことになります。言い換えると、「われわれの内なる」抽象的タイピストの言語的労働は、〈賃労働〉にならなくてはいけないわけです。

アメリカでは、八十年代初めから今日までに、政府認可の特許数が倍増しました。一九九九年で一六万一〇〇〇件です。アジアの半導体製造業のような内外の競争者から身を守るため、新しいテクノロジーの米企業はますます攻撃的になってきました。そしてアメリカ議会は、一九九四年、特許請願の控訴裁判所を設立し、特許取得への流れを加速させました。フォーディズム時代、特許はとりわけ独占企業の道具と見なされていましたが、ニューエコノミーでは、〈一般的知性〉の資本主義的管理を保証する道具となりました。ビル・ゲイツに対する判決は、知的所有権の国家的保護によって利益を保証する必要性と、競争を促してイノベーションを保証する必要性とに挟まれた政治的矛盾をあらわにしています。

退蔵とマルチチュード

循環形態の合理性についてこれまで語ってきたことをまとめてみましょう。経済システムは、〈過剰取引〉のようなさまざまな原動力に突き動かされるかぎり、再生産をおこなうことができます。ニューエコノミーでは、金融市場が、追加所得（過剰取引）の創出に中心的な役割を果たし、世界的な規模で景気循環の形態を一変させました。

資本主義経済では最終消費を増大させる場合にのみ、したがって――逆説的にも――貯蓄を減少させる方向で、投資がおこなわれます。これは、雇用がある段階に達すると論理的に不可能になります。つまり、投資への刺激は消費に比例しますが、投資の物質的手段は同じ消費に反比例するからです。ですがシステムは、景気の拡大期と後退期に合わせて雇用レベルを調整することにより、この矛盾を解決することができます。

景気循環は、〈過剰取引〉のおかげで、不安定な均衡状態を保ちます。それは、生産力（資本の有機的構成に属している）の発展というおのれの論理に矛盾しながら、拡大あるいは後退の循環を繰り返します。

ニューエコノミーを特徴づけていた技術革命は、景気循環の性質を変えてしまいました。〈ハイテク〉部門に投資する手軽さは（金融化、豊富なリスク資本、ディスインフレーション、低コスト貨幣、世界各地からの資本の流入、強いドル、集団的想像力など）、たしかに拡大局面を刺激しますが、飽和の新しい閾値（賃金や雇用レベルや移民などの要因によって決定される古典的な飽和値とは異なる）に突き当たることになるでしょう。この新しい飽和の閾値は、新しいテクノロジー製品つまり情報関連商品の吸収／消費の能力です。先の景気循環では、部門Ｉつまり生産手段の生産の増加は、完全雇用に近づくにつれて弱体化する最終消費とともに鈍りました。しかし新しい景気循環では、新しいテクノロジーへの投資は、完全雇用を超えて増加することができます。なぜなら、新しいテクノロジーはコストを低下させており、コストを増やさずに収益率を上げることができるからです。さらに、新しいテクノロジーの言語的性質は、無際限とも言える潜在的市場を決定づけているからです（途上国や貧しい国はもちろん、先進国でもまだインターネットに未接続な人口を想像するだけで充分でしょう）。ニューエコノミーの循環の上限を示す閾値は、もはや雇用レベルに決定される物質的な消費（つまり最終消費の許容量）ではなく〈非物質的な消費〉、つまり、時間の大部分が物質的消費のための収入を求めて費やされる社会で、「残された時間」の量なのです。情報財が戦略的に要求される経済は、注意の時間を必要としています。

拡大の力をより大きくしようとしてこの閾値の上限を高くすることは、グローバルな福祉を創出することです。未使用の人的資源を就労させる所得の創出によって、〈自由時間〉、物質的経済から逸脱した時間、反＝経済的な時間が生みだされます。新しい経済が必要としているのは、反＝経済的な時間なのです。

ニューエコノミーが上限（後退局面の開始を定める閾値）に接近するのは、株価と企業収益率の関係（株価収益率）が、平均的投資家には高すぎる平均的利潤を示しつづけるときです。このとき、市場の自己言及性によって社会的規模で流動性が不足する危険が高まり、危機感にかられた人々は退蔵（マルクス）あるいは流動性選好（ケインズ）へと流れ、投資が縮小します。ですが、需給の構造的不均衡の理論にある通り、投資が縮小するとき、利益を得るのはすでに困難であり、大量の売残り在庫をすでに抱えているのです。要するに、流動性選好が需給の均衡を崩すのではなく、需給の不均衡が、景気循環の最終局面で流動性選好を引きおこすのです。〈過剰取引〉の消失は、事実、もし循環が需給の均衡に基づいて展開するなら、理論的には存在しえない剰余価値、余分の存在を剥き出しにします。それゆえ、何よりも、ニューエコノミーでは、平均株価収益率が過剰に高いと感じることと、まさに現実に後退局面が開始することのあいだに、比較的長い（約一年間）時間的ずれが生じるのです。最初に不買同盟の影響を受けるのは、どこよりも株価収益率を引き上げた部門、すなわち、ニューエコノミーでは、コミュニケーション資本財関連の株式です（コンピュータと周辺機器の産業資本財、通信と半導体の電子器機、コミュニケーション・サービス、以上の三つの産業部門を合わせた利益は、二〇〇〇年、アメリカの総利益の三・五%を生みだしましたが、一九九七年の終わりから二〇〇一年上半期にかけて、その利益は七〇%減少しました)。

ニューエコノミーにおける金融市場の集中性と浸透性は、退蔵の性質を根本から変えてしまいました。高度に金融化した経済では、流動性選好、つまり株式を売却してそれまで固定されていた貨幣=資本を所有しようとする傾向ですが、それは誰もが同時には実現できません。誰かが買わなくては売れないのですから。全世界的な規模では明らかに現実的にも理論的にも不可能なことです。この「流動性の逆説」は、経済的価値と金融的価値のあいだの矛盾です。株式は何か具体的なもの、財とサービスを生む有形固定資産の抽象です。生産資本の不動性を変えることは、株式の流動性、流動資本の変動性にはできません。グローバルな流動性は存在しません。なぜなら、グローバルな市場はどうしても生産資本から離れられないからです。オルレアンは次のように言っています。「流動性とは、企業の所有権を投資家のあいだで再配分するプロセスにすぎない」(Orléan, 1999, p.47〔訳、五九—六〇頁〕)。失う者たちは弱い投資家、おのれの力を生産資本に及ぼすことができない株主たちです。退蔵とは、最終的に、多数の小さな株主から新しい生産資本の所有者へと物質的富を移すことなのです。

退蔵はさらに、個人的合理性と集団的合理性との矛盾を浮き彫りにします。個人レベルで合理的なことは(株価が最高に達したと思われる時点で売ること)、集団レベルでは合理的ではありません〔皆が同時に売ると買い手がなくなります〕。流動性選好とともに世論の集団的動きは、〈マルチチュードの合理性〉に反転します。それは、有形固定資産の重みが退蔵を私有財産の再配分の過程とするかぎり、勝ち目のない合理性ではありません。ですが、富の生産がただ〈一般的知性〉の内にのみ集中するとき、つまり〈一般的知性〉の担い手の身体の他にどのような有形固定資産も持たない、〈生きた労働の協働〉の内に集中するとき〔こういった意味で〈ドット・コム〉企業は社会的企業となった〈一般的知性〉の予兆です〕、マルチチュード〔金融的〈共同体〉の対極にあるものとして〕の合理性は〈革新的な〉ものになります。この場合、退蔵は、流動性よりも抽象的な何ものかへの選好を意味するでしょう。それは多様な富の形態への要求、つまり、社会的協働の自由、社会的協働を貫く言語の自由、社会的協働を構成する諸々の特異性の自由への要求、言い換えれば、マルチチュードの身体を所有することへの要求を意味しています。

退蔵とパニック

歴史的に見ると、パニック〔恐慌〕には、世界的規模で退蔵を促進させる機能があります。ですが、十年以上も前からニューエコノミーに影を落としている危機の重大さにもかかわらず、このパニックという要因の力は驚くほど弱くなりました。

どういうことなのでしょうか。ニューエコノミーの時代にあって、大きな恐怖に囚われて身体を動かすことも頭を働かせることもできず、人格がはぎ取られ群れに呑み込まれる強烈な精神的苦悶の物語、パニックの物語を、まだあの牧羊神パンに結びつけられるのでしょうか。潜在的な苦しみを解きはなち、「すべてか無か」の本能を〈表面化させる〉、「未加工の自然本性」とは何でしょうか。「パンが〈我々の内なる〉自然本性の神であるなら、彼は我々の本能に他ならない」（Hillman, 1977）。

すでにしてパンは、彼の神話的な「自然性」にもかかわらず、自然界に存在しない姿をとり（じっさい彼は半人半獣の姿をしています）、つまりまったく〈想像上の〉生物なわけですが、そうすると、わたしたちの内にあってわたしたちの本能を養う「未加工の自然本性」は、〈メタファー〉であると言えます。ユングが説明するように、本能は行動すると〈同時に〉その行動のイメージを形成する、つまりその表象を生産するのであれば、パニックに巻き込まれ非人格化された「なすがままの存在」は、原初的〈かつ〉知的な行動を共時的に経験しています。パニックは完全な無秩序ではないのです。

ケインズの言う「群衆がどう動くかを群衆よりも先に知る」こと、市場の心理を察知するという活動、つまり投機の同じ〈合理性〉の爆発として、金融危機とりわけ一九二九年の危機の系譜を研究するところから、この逆説的な結論にたどり着きました。ケインズは次のように書いていています。「われわれの判断は何の役にも立たないのだから、おそらくより多くの情報を得ている他の人々の判断を仰ぐことになるだろう。すなわち、多数派もしくはメディアの振舞いに合わせるようにするだろう。誰もが他人を真似ようとする個人主義社会の心理のおかげで、われわれはいわゆる慣習的判断に到るのである」(Keynes, 1937)。

一個の経済的主体と他者(投資家/投機家の攻撃的な「群れ」)との〈模倣関係〉は、各人が知識を欠いているときには合理的と言えるでしょう。平均値をあらわす慣習的な指標が、経済システムの論理的な機能をもはや反映せず、金融市場に典型的な不透明性が、進行中の経済的変化に合わない行動を導くとき、模倣的行動は危機を増幅させます。こうして、経済過程の底を流れる矛盾が、発展に内在する危機が、明らかになります。つまりパニックの機能の様式は、パニックの危機の〈前提〉なのです。

恣意的ではあれ慣習が継続すると信じられるあいだ、模倣的行為はまったく合理的です。「しかしながら、絶対的な観点からみれば非常に恣意的なものである慣習が、さまざまな弱点を持っているからといって驚くにはあたらない」(Keynes, 1978〔訳、上巻、二一一頁〕)。パニックの爆発、「危険に晒された」財産を現金のかたちで所有しようと窓口に殺到することは、資本主義的生産様式のパニック的性質、その内在的な不安定性をそのまま示しているのです。貨幣にたいするパニック的需要の内にあらわれているのは、市場経済の矛盾です。つまり誰もが自分自身の持物に戻ろうとするわけですが、そのとき同時に、模倣と伝染と連鎖反応によって他人に近づくのです(Orléan, 1988)。

危機の暴力は、わたしたちの内なる「未加工の自然本性」の非合理性を反映しているのではありません。それは、変化した経済的発展の社会的条件を管理する制度的能力や慣習が、不適切かもしれないという恐れを表現しています。同時に、進行中の変容過程から浮上する諸観念を個人または集団が「過剰に」使用することは、権威を離れて過去の隷属を脱しようとする潜在的な欲望のあらわれです。「一七九三年の恐怖政治は、神聖な恐怖の絶頂であると同時にその凋落の開始ではなかったろうか。〈革命〉のありとあらゆる出来事に、宗教的精神がまだ生気を吹き込んでいたにせよ、ロベスピエールが組織した革命祭典の不成功からも分かるように、それはもはや弱々しいものでしかなかった」（Dupuy, 1991）。

パニックの概念は曖昧であり、真実の名と虚偽の警報が混合しているため、カタストロフ理論の研究者シャンドゥセ大佐などは、「パニックは存在しない」と断定したものでした。彼にしたがえば、広島に関しても、「何人かの日本人を池に飛び込ませたパニックでさえ疑わしい」（Jeudy, 1997）。要するにただパニックのイメージと、そのイメージに喚起された魅惑だけがあるのです。パニックがどのように引きおこされるか、それはつねに、警報の〈様態〉と危険信号の〈解釈〉に依存します。まさにそこにパニックの〈言語的次元〉があります。パニックは「言葉遊び」なのです。〈群衆〉の本質であると同時にその崩壊のイメージとして、存在の起源でもその破壊でもあるものとして、パニックは、〈言語と表象の解体〉のイメージです。異常な発汗、顔面蒼白、激しい動悸、呼吸困難、戦慄である以上に、パニックに陥ることは、〈言葉を失うこと〉です。恐怖はあまりにも大きく、〈もはや表象することもできない〉ものは、そこから身を守ろうとして何を指し示しても明確にはならないのです。

ポストフォーディズム社会において、言語の解体は、パニックの経験の座標軸を定めます（Virno, 1994）。そこでもまた、ユングの共時性の原理によると「われわれの内なる」自然と「外の」自然をつなぐパン神、「未加工の自然本性」は、一般的に世界が顕現する仕方として定義されています。けれどもポストフォーディズム社会では、世界の全体、つまり何もかもがあり、あらゆる出来事がおこり、すべての言葉が響くコンテクストは、純粋に〈言語的〉な世界です。世界の全体を包むコミュニケーションの巨大な織物、この「未加工の言語」によって、わたしたちは物質的コンテクストを把握し、世界を経験するのです。〈一般的な〉言語、コミュニケーション〈能力〉としての言語の喪失を、わたしたちはほんとうに恐れています。ポストフォーディズムのコンテクストでは、言語は商品の生産手段として不可欠であり、したがって、わたしたちの生活の〈物質的〉条件ですから、話す能力を失うこと、「言語能力」を失うことは、まさに世界への帰属を失うこと、共同体を構成する多数との紐帯を失うことを意味します。

言語の解体として、対象を名づけ記憶する身体能力の不全として（失語症または不全失語症）、言葉の喪失をともなってパニックがおきるとき、わたしたちは、言語能力、可能性としての言語を失うことを何よりも恐れます。ヤコブソン（1971）の描写した、「自己同一性から近接性への逃避」、言語の指示性から文脈性への逃避としての失語症の経験は、まさに言語と世界との関係にかかわります。パニックに陥ると、どこでもないところ、どこへでも逃げようとし、

〈全世界〉に避難所を探します。形のない世界へのこの逃亡に向かった群衆は、誰もが同じ言語的コンテクストに属し、誰もが同じ言語能力を喪失する同じ恐れを抱くとき、空間がいかに狭いかに突如として気づき、出口に殺到してこれを塞いでしまうのです。ヴィルノはこう書いています。「パニックの恐怖は、社会を支えている非人格的な諸力と個人の生との乖離から生まれるのではない。その反対に、〈一般的知性〉と個人が破壊的なまでに密着するところから噴出するのである。言い換えると、空間的配列を欠くがゆえに破壊的であるような結びつきから、パニックの恐怖が生まれるのである」(Virno, 1994, p.79)。

パニックの状況、たとえば映画館の火災で、他人は突然ほんとうの敵になります。押し流され息の詰まりそうな危険のただなかで、隣人のどんな動きもわたしの身体に対する攻撃になります。いわば、〈一般的知性〉の〈私的〉使用がその〈社会的〉性質とぶつかり、言語的分業を体現している個々の身体が、他の身体を障害物と見なすのです。大勢が各々の言語能力を行使する空間としての映画館は、ただの見せかけにすぎません。

カタストロフ理論の研究者にしたがえば、危険の到来を信じようとせず、自分の所有物に執着すればするほど、危険つまりカタストロフを予防することができます。コミュニケーションなしには働くこともできないような高度に言語的なコンテクストで、危険に対する予防線が可能なのは、警報の真偽が判別可能なときだけです。共有された理論で解釈可能な一連の変数として単なる数字にすぎない指標、〈基準点〉が読めるという能力が機能するのは、個々の抵抗が〈同時に〉多数の抵抗となり、カタストロフの危険を認める解釈が、マルチチュードに共有されマルチチュードを〈守る〉言語を使用するときに限られます。

組織的な危険性が高い（商品の生産と流通のポストフォーディズム的組織のように言語的でグローバルな）コンテクストでは、〈言語的抵抗〉は強力です。つまり合理的で、虚偽の信号から自律しています。ただしこのとき言語的抵抗は、別の全体主義的言語を形成せずに支配的な言語に対抗することができ、個々の行動の破局的な平準化に対してこれを否定的に再生産せずに、意味と等価性と自己同一性の内破を生みだす「戦争機械」として機能する必要があります。人民のような共同体はカタストロフ的で精神的に病んでいます。マルチチュードのような共同体は、「何もかも結局はうまくいかなくても」（Deleuze, 1993）健康なのです。

ですが、そもそも一般に用いられる指標では充分に表象しえない、組織的に複雑きわまりないポストフォーディズムの社会で、模倣行動の合理性は、マスメディアが流しつづけるパニックの紋切型イメージや虚偽の警報から、どのようにしてマルチチュードの共同体を守ることができるでしょうか。正真正銘のカタストロフを生みだしかねない模倣行動に絶好の条件へと、すべてが向かっているように見えるとき、いったいどのようにしてパニックから身を護ればよいのでしょうか。

この問いは、世界の破滅が迫っているのではないかという危惧を広めた〈具体的な〉選択、無責任な政治的選択がこれまで生みだしてきた、社会的・文化的・経済的・生態学的な損害の歴史を、沈黙の内に排除するものとして捉えてはなりません（Davis, 1999）。そうではなく、不安や苦悶をパニックに転化させ、マルチチュードの行動を画一的で破局的な振舞いに転化させる同じ論理の内部で、自然の無秩序や社会的不正をいかにして避けうるかを示す必要があるのです。

アジアの危機、世紀末の〈ミレニアム・バグ（二〇〇〇年にコンピューターが誤作動するとされた混乱）〉、そしてニューエコノミーの危機自体からも分かるように、マスメディアがくり返し上演してきた金融崩壊と情報カタストロフのシナリオは、パニックを引きおこすものではありませんでした。たとえばアジア危機の際、経済アナリストたちの驚いたことに、何百万もの貯蓄家は、危機感をあおる報道にもかかわらず、年金基金や投資信託から急いで貯金を引き揚げたりはしなかったのです。〈ミレニアム・バグ〉症候群によるカタストロフの切迫感は、危機の本当の状態や真偽とは関係なく実際にカトストロフを誘発させ、確実に社会的安寧を破壊するような、あの恐るべき伝染力をもちませんでした。

株式市場の多幸症は、世界的な金融崩壊の可能性を上演しています。経済＝金融の指標を見て、一九二〇年代の株式の動きと比較すれば、大規模な崩壊への懸念は正当なものに思われます。このような状況で、株価の上昇の内に不合理な投機熱の反映ではなく、社会的生産性の実質的な増大を見る者たちの所見によって、カタストロフの危険を遠ざけることは難しいでしょう。群衆の動きに逆行しても勝てるものではありません。市場の「合理的期待」の論理に対して勝つことのできた者は、ほとんどいないのです。

問題はもはや、主観性と客観性との関係ですらなく、実体経済の分析とこれに対応する金融システムの関係でもなく、あるいはまた「リスクの意味論」の変化でもありません。リスク志向が社会的に普及した貨幣経済では、「インフレーションなき成長」の名のもとに資本が株式上場企業へと直接に差し向けられますが、このリスクの強制は、リスクと危険、システムと環境、行為と観察という、ルーマン（1996）の区別をますます困難にしています。株式に投資する決断によって大きなリスクに身をさらす者は、ルーマンの言うリスクの社会学にしたがえば、株式市場の多幸症やこれを支える模倣論理のためにポートフォリオが損害を蒙る危険に対して、まったく異なった仕方で反応するはずです。もしこの通りなら、中央銀行が株式市場の汚れた環境の危険を抑制しようとすれば、株式ゲームに参加する個々人のリスク志向を弱める操作をおこなうはずでしょう。

問題は、実質的価値と金融的価値の比率を定めようとしても、中央銀行による金利引き上げが、利潤は低いが安全な株へと投資家に貯蓄を移動させるほど、充分な説得力をもたないように見えることです。通貨当局（つまり国家）の相対的自律性が回復するためには、通貨指標の〈唯一性〉を前にしてマルチチュードがおのれを開かなくてはなりません。市場を「正常化」するため、中央当局が上から市場を調整するためには、カタストロフを〈挑発〉して、パニックを引きおこし、そうして多数の行動をひとつに合わせ、同じ論理のもとにマルチチュードをひとつの人民にする必要があるのです。

通貨の〈至上権の危機〉、通貨供給総量に対する中央銀行の影響力の低下は、合法的な「最後の貸手」としての国家の機能を疲弊させるのではなく、通貨政策を株式市場の従属変数に変え、国家を金融利得の過程の内に取り込みます。ポストフォーディズム的な富の生産と交換の建築物は、言語の〈なか〉に、マルチチュードの〈空間〉を構成しました。マルチチュードは貨幣の肖像、その至上権の形式です。パン神を抹殺したマルチチュードは、魔物たちのように偶然の出来事にまとわりつく一瞬一瞬の神々から、身を護る術を学ばなくてはならないのです。

〈一般的知性〉のスクラップ化

二〇〇一年八月七日、フィナンシャル・タイムズ紙は、リチャード・トムキンスが書いた文章、今では世界的に有名な「ノー・ロゴ」という言葉をタイトルにした記事を掲載しました。これは、しばらく前から世界中でベストセラーになっていた、ナオミ・クラインの本のタイトルです。けれどもクラインの名はこの記事には出てきませんでした。まるでシンボル政治が「シアトルの人々」の抵抗運動の顕著な特徴と見なされたかのように。フィナンシャル・タイムズ紙の分析の目的は、ビジネスウィーク誌に発表されたデータをもとにして、ニューエコノミーの危機／変容が、グローバル銀行のATMを打ち壊そうとするどんなブラック・ブロック〔抗議行動〕よりも効果的であるのを示すことでした。二〇〇〇―二〇〇一年のランキングにあらわれる七四社のブランドの内、四一社が株価を下げ、総計五％の損害を被りました。危機のはじまる二〇〇〇年三月から、四九〇億ドルもが煙となって消えたのです。崩壊は、アマゾン・コムやデルやノキアといったデジタル資本ばかりではなく、コカコーラ（マイナス五％）やマクドナルド（マイナス九％）、ジレット（マイナス一二％）、ナイキ（マイナス五％）といった、いわゆるオールドエコノミーの企業にも及びました。

シンボル資本（ブランド価値）のこれほど大きな危機は、九十年代には想像もされませんでした。ベルリンの壁が崩れると、旧社会主義国の何百万もの新しい消費者は、その頃まで禁断の果実のように見られていたアメリカの多国籍ブランドに飛びつきました。けれども九十年代後半、グローバル資本のシンボルへの愛情は急速に冷めていき、〈ローカル〉なブランドがグローバルなブランドを追い抜きました。消費者も生産者も国産のシンボルを選んだのです。どうして〈ヤンキー〉に身売りする必要があるんだ？というわけで、何年かのあいだ、旧社会主義国のアメリカ化は、ある種の愛国的反動を喚起したようでした。二〇〇〇年の中国では、コカコーラ社やプロクター・アンド・ギャンブル社〔P＆G〕など、広告規模の最も大きいトップ十社のすべてが、ローカル〈ブランド〉で販売をおこなっています。

言い換えると、ブランドは地域化せざるをえないように見えます。たしかに多国籍企業が新しい市場を手放すことはありません。たとえ、この七月に、マクドナルドが新興諸国のレストランを二五〇店舗も引き払う決心をし、プロクター・アンド・ギャンブルが北米に集中しようとして国外での生産ラインを縮小しても、グローバルなブランドの危機は、一九九三年の「マルボロの暗黒の金曜日」〔一九九三年四月二日金曜日、伝統あるタバコブランドのフィリップ・モリスが、市場で勢力を伸ばしつつあった安売りタバコに対抗するため、マルボロの価格の二割引き下げを発表。「ブランドの死」と報じられ、フィリップ・モリスを含め家庭用品・食品ブランドの株価が急落した〕と同じく、要するに戦略の練り直しにすぎません。「一九九三年までの六年間で、ナイキは七億五千万ドルの会社から四〇億ドルの大企業に成長した。オレゴン州ビーヴァートンにフィル・ナイトが創業したナイキは、設立当初から九〇〇%以上の利益をあげて不景気を抜け出していた」（Klein, 2001, p.37〔訳、三五頁〕）。そのときから、ブランドは、「周囲にとけこんで自由に形を変える文化的スポンジ」になったと、クラインは言います。それは、工場を出て、国境を乗り越え、欲望や想像力や生活様式を商品化し、〈非物質的なものを資本化する〉ものとなりました。

二〇〇一年のブランド危機から分かるように、〈マス・マーケティング〉はますます複雑になりました。ロンドンのマーケット・リサーチ・センターのマーティン・ヘンリーにしたがえば、「人々は〈普通〉と見られるのを嫌がり、誰もが唯一の個人として見られたがっている」のです。グローバル経済でのシンボルの地域化には、先進国でのシンボル資本の〈個性化〉と〈マス・カスタマイゼーション〉〔顧客の求めに応じてカスタマイズした製品を、大量生産と同じような低コストで供給するという考え〉が対応しています。年々新しく大量に新製品が供給されるので〈二〇〇〇年のアメリカだけで三万一四三二種の新製品が市場に現われました〉、シンボル資本は流通の〈ローカル〉な戦略を展開しなくてはなりません。ですがシンボル資本のこの微視的物理学は、市民＝消費者の〈特異化〉過程、そのあまりにも集団的な想像力からの、あまりにもグローバルな生活形態からの脱出の結果でもあります。逆説的にも、ブランディングのローカル化／地域化は、共同体の想像力の危機を告げています。九十年代にナイキのブランディング戦略によって世界中で搾取された消費者民衆は、生の諸形態の精神化に対して抵抗するマルチチュードになりました。

「ノー・ロゴの人々」は、消費財を生産する多国籍企業によるシンボルの商品化や、公共領域の私有化に対する闘いの実践を通して形成されました。クラインが描いたような、ロゴに対する闘い、労働力搾取の世界的回路に対する闘いは、「反グローバル」運動を世界的に展開させる契機になりました。それゆえノー・ロゴ運動は、ルイザ・ムラーロによると、「経済的な問題に尽きるのではなく、経済と権利の関係を正そうとするだけではなく、共生的な生活のより自由で個性的な意味を求め、欲望と関係に刺激を与えるもの」なのです。グローバルなシンボル資本は、戦略をマクロなレベルから、欲望と関係の必要性のミクロなレベルへと移しましたが、消費者のコミュニケーション的＝関係構築的な行動の中心性を再認識するよりも、むしろマルチチュードの想像力を商品化する方向へ動いています。

ロゴの世界的危機が示しているのは、言い換えると、マルチチュードの〈身体の政治的規定〉の上に、闘争の未来がかかっているということです。では、社会的想像力の資本主義的使用を批判して世界中に広がった運動の、シンボル戦略とはどのようなものでしょうか。言語＝象徴のレベルで具体的な闘争をおこなう運動の身体とはどのようなものでしょうか。

エコノミスト誌は、皮肉な挑発を込めた「プロロゴ（親ロゴ／序章）」というタイトルの記事で、フィナンシャル・タイムズ紙の経済分析とナオミ・クラインの、いずれにも共通する政治的脆弱性をからかいながら、問題の核心をはっきりと示しています（二〇〇一年九月八日）。ロゴは、生産者に対する消費者の〈力〉、資本主義的企業が言語的＝コミュニケーション的レベルで懸命に働いて獲得しなくてはならない、消費者の信頼と忠誠の力なのです。ロゴの力は、文字通りグローバル経済の空間をつくりあげています。商品を未知の土地に運びこみ、それが先進国の賃金労働者への宣伝になっているのです。それゆえに、とエコノミスト誌は皮肉たっぷりに書いています。〈ロゴに対する闘い〉は、グローバリゼーションに対する抵抗運動を世界中に知らしめたのだと。まるでロゴの力の源泉は、ロゴとノー・ロゴ、資本の力と「下からのグローバリゼーション」、商品の〈使用価値〉と運動の生きた身体とのあいだに、シンメトリックなと言うよりも〈弁証法的な〉関係を築くところにあるようです（この問題をクラインは政治的に自覚しており、それは五〇〇頁に及ぶ『ノー・ロゴ』の隅々にまで感じられます）。

したがって反グローバル運動の限界は、権力のシンボル政治の土俵で拡大しようとして、グローバル資本主義の機能を分析する限界に突き当たった、という意味で〈政治的〉なものです。反グローバル運動のグローバルな規模は、こうして、その定義からしてマイナーな抵抗運動が、まさに世界中の誰の目にも見えるほど表面化したその時、リーダーが決定的に空疎な交渉の論理に足を取られて、縮小してしまうかもしれません。開放主義の波（ＩＭＦやＷＴＯ、国家政府、フィナンシャル・タイムズ紙、エコノミスト誌の）、運動との対話の試みは、閉ざされたまま身動きがとれなくなります。ジェノヴァＧ８の後、ＩＭＦとアルゼンチン政府との間で交わされた一連の処理契約は、〈財政赤字ゼロ〉そして徴税の地方分権化という条項を含み（カバーロ経済大臣自身によって「民主的に」ＩＭＦに提案された）、ＩＭＦがジェノヴァＧ８の前にアジア諸国やラテンアメリカ諸国に対して課したどのような「構造調整」の処理よりも、さらに自由主義的なものでした。

ニューエコノミーの危機の発端を分析すると、資本主義のグローバリゼーションと抵抗運動のグローバルな闘争との種差が見えてきます。これまで述べてきたように、ニューエコノミーの特徴は、直接に商品生産の領域であれ通貨金融の領域であれ、コミュニケーション、言語の〈生産力〉に浸透された生産様式である、ということです。それゆえ、ニューエコノミーの生産と分配のシステムの言語的座標の内部に、社会的闘争の形式と矛盾を探さなくてはならないのです。

わたしたちは先に、〈アテンション・エコノミー〉は、情報の入手を容易にさせるテクノロジー製品や、消費者の注意を捉える財やサービスが、増加した結果であることを見ました。供給の側面から言えば、ニューエコノミーは、資本財が無形で複製可能なゆえに（たとえばコンピュータ用プログラムは際限なくコピーできます）、〈収穫逓増〉によって特徴づけられます。けれども、財とサービスの需要の側面から言えば、注意は非常に壊れやすい稀少財であるがゆえに、注意とその配分は〈収穫逓減〉になります。

フォード＝テーラー・システムの労働に対する抵抗と闘いを、「自律性の移譲」や「労働の個性化」などの企業技術で乗り切ろうとして、ニューエコノミーは、男たち女たちの言語的協働、人と人との双方向的関係に不可欠な概念や論理的図式の生産過程に注目し、フレキシブルで認知的でコミュニケーション重視の労働、〈一般的知性〉の〈生きた〉労働を生み出しました。この自律性と責任の移譲によって、労働時間は増加し、供給される情報財を吸収するに必要な注意の時間は減少したのです。

注意の供給と需要の〈不均衡の危機〉は構造的なものです。なぜならこの分割は人間的である以上に、〈貨幣的〉な種類のものだからです。つまり注意の支配権を握るためには、投資を続ける必要があり（著作権を所有するだけでなく）、競争相手を排除した後に供給を実現する／販売するためには、需要の側、注意を消費する側が、市場に供給される情報財を購入するに充分な所得をもつ必要があります。けれども〈アテンション・エコノミー〉における労働時間の増加分を考えれば、所得は増加するよりも〈減少〉しています。

情報の供給と注意の需要の不均衡は、〈資本主義〉の矛盾、同時に商品でも貨幣でもある価値形態に内在する矛盾です。そして商品にはますます情報（市場のニッチを切り開くために必要な）が追加され、貨幣＝所得の分配は決して有効需要を増やす方向へは向かいません。九十年代の金融化は、追加所得を生みましたが、それを不公平に分配した以上に、安定雇用と正規賃金を犠牲にしてしまい、こうして、労働者＝消費者は、無形の財やサービスを消費するよりも、求職に多くの注意を払わざるをえず、注意の赤字をさらに広げてしまいました。

金融所得創出のために金融市場が課した条件は、実際のところ、〈ダウンサイジング〉や〈リエンジニアリング〉、〈アウトソーシング〉、〈M＆A〉といった過程を推し進めることでした。こうして、労働力の使用価値を失うよりも交換価値を失う危険に多くの注意が払われ、労働力を不安定にしました。ポストフォーディズムの工場では、情報財の生産に必要な資本が、労働に用いられた労働力の質にたいする報酬から抜き取られました。要するに、労働力が単なる注意の生産者ではなく消費者でもあること、賃金コストでありかつ所得でもあることは、顧みられませんでした。

フィナンシャル・タイムズ紙のコラムで、ダン・ロバーツは、いったい何がおこったのか、知的な人々がどうしてこれほど大々的に間違うことができたのかと、自問しています。ですがニューエコノミーは歴史的な失策ではありません。それは、資本がフォーディズムの工場を破壊する決定を下し、認知労働の搾取をはじめた結果なのです。資本は公共空間を象徴的に植民地化し、これと平行して、スキル、知識、熱意、愛情、関係を構築するコミュニケーション能力を労働に就かせました。

ニューエコノミーの危機には、電気設備を廃棄処分にしても、その設備に組み込まれた知識が捨てられることはないという特徴があります。今日の〈一般的知性〉は、たとえ中古市場に部品をたたき売るため全固定資本が解体されたとしても、マルチチュードの〈身体の内に残る〉協働の能力、〈生きた〉知でできています。以前は、価格を高く保ちながら労働力の賃金を下げるため、たとえばトマトが収穫と同時に捨てられましたが、今日は、〈一般的知性〉の身体をおとしめるために、社会的コミュニケーションの手段がスクラップにされています。

危機が去ると、資本は再び〈一般的知性〉を、全世界に広がり移動するその身体を、追わざるをえないでしょう。しかしそれまでのあいだ、資本主義の危機が出口を見出すまでのあいだ、この多様な身体は自己への配慮を学び、多幸症的で不合理な資本から離れた時空に安らうことができるかもしれません。

第四章　戦争と景気循環

ツインタワーとペンタゴンへの9・11テロ攻撃のちょうど半年後、技術的指標のすべてが景気後退の終焉を告げていました。ほんとうにそうなら、この五十年間でもっとも短い不況でした。いずれにせよ、過去のように上昇の直後にまた下落するのか（いわばW字型のサイクルに）、それとも上昇を続けるのか（この場合はV字型のサイクルです）、どうなるのかまだ分かりません。

この「驚くほど穏やかな」不況についてビジネスウィーク誌は、「アメリカ経済はほんとうに変わった」と書いています（「驚くほど強い経済」、二〇〇二年三月一八日付けの記事）。でも不思議なことに、ニューエコノミーの危機の終焉を語りながら、九月一一日以降は戦争が進行中であることを無視しています。戦争の経済への影響は、たとえ即座には表面化しなくても、中長期的なマクロ経済と政策の枠組みを修正すべき要因として、分析には欠かせないはずです。

テロ攻撃の直後、多くの人々が、長いあいだ私的経済が公共部門を侵食した後でようやく、ケインズ主義的な政策によって、防衛関連、危機に陥った企業(航空会社や保険会社)、イノベーション(研究開発への公的投資)、金融(市場の調整)、安全保障といった部門の建て直しが進められるだろうと考えました。アメリカ政府の対応は、たしかにテロ攻撃から直接的な打撃を受けた企業と防衛に限られてはいましたが、ほんとうに迅速かつ実質的なものでした。ですが今日、この「戦時ケインズ主義」でさえ、不況を終わらせた主な要因と見なされてはいないのです。

それではいったい、今日の分析にしたがえば、どうしてニューエコノミーは、二〇〇〇年三月のナスダックの暴落とマイナス成長の四半期にはじまる危機から(二〇〇一年の第3四半期にアメリカの国内総生産は一・三%低下しました)、抜け出すことができたのでしょうか。

先に見たように、危機は山積みの売残り在庫、とりわけ(これだけではありませんが)新しいテクノロジー部門の売残りに表われました。この過剰生産の危機から浮かび上がってきたのは、まず有効需要(つまり支払能力のある買手)の欠乏ですが、それ以上に、アテンション・エコノミーに内在する新しい現象でした。つまりコミュニケーション技術に統括された経済は、財とサービスを受けとる消費者の〈注意の時間〉を必要とします。事実ニューエコノミーは、ただ労働の時間を消費するだけでなく、生活時間あるいは不労時間をも消費する経済です(要するに生活の全体が労働時間になりました)。それゆえ、ニューエコノミーの危機を決定するのは、経済の時間と生活の時間との矛盾なのです。言い換えると、危機は、「経済の過剰」のゆえに、サイバー・スペースとサイバー・タイムの不均衡のゆえに（フランコ・ベラルディの言葉を借りれば）、勃発するのです。

投資財（機械や新技術）の需要低下に直面して、アメリカの資本は二〇〇一年の一年間に売残り在庫を大きく減らしました。たとえばニューエコノミーのシンボル的企業、シスコシステムズ（通信事業会社）の在庫は一年で六〇％減少しましたし、スリーエム（化学・電機素材メーカーを中心とする巨大複合企業）の在庫は五七％、その他およそどの企業でも同じような早さで売残り在庫は減少しました。そして在庫が縮小するとき、経済力も減退、つまり生産が減り雇用も縮小します。実際のところ在庫の減少だけでアメリカの国内総生産は一％減りました。

これほど大量の在庫削減が可能だったのは、消費とりわけ耐久財の消費が持続したおかげです。自動車や住宅の需要、インフレーションに傷つけられなかった購買力が（これまで見てきたようにインフレーション率の〈恒常的〉な構造的低下がポストフォーディズム的生産様式の主な性質でした）、あらゆる建て直しの芽を摘み取るかに見えた株式危機のさなかで、経済を支えたのです。実際のところ、まさにこの株式市場の危機によって、FRBは二〇〇一年に十一回もの金利引き下げをおこない、大衆は借金をして（たとえば新しくローンを組み）消費レベルを保つことができました。ちなみに拡大局面での株式利得は高所得者層に集中していましたが、この階層は、消費の側面にはあまり関係がなく、後退局面で需要を高く維持することに寄与するものではありません。

消費のほかに、不況の脱出に働いたもうひとつの要因は、〈労働の生産性〉です。二〇〇一年最後の四半期の成長率は五%もありました（二〇〇一年の平均成長率は二・四%でした）。普通、景気後退期には、生産が縮小するので生産性も減少しますが、そうはならなかったのです。これは非常に重要な事実です。なぜならそれは、正真正銘の回復期、つまり古い在庫が捌けて新しい在庫が生まれるとき、財やサービスの販売価格を上げずに、労働のより高い生産性に依拠するだけで、利潤が生まれるということを意味しているからです。何よりも、インフレーションの危険が消滅すれば、中央銀行は貨幣費用を上げずにすみ、企業や家計からの資金需要がいくらか伸びたとしても、低い金利を維持することができるでしょう。

不況における高い生産性という前代未聞の事態は、ニューエコノミーの循環の論理を理解する上で決定的な問題です。部分的にはすでに見たのですが、その新しさというのは、労働の生産性の増大が利潤の縮小（二〇〇一年はマイナス二〇%）と平行していることで、過去にこのような現象はありませんでした。全米産業審議会の調査にしたがえば、アメリカの生産性利得は、ヨーロッパのそれの三倍で、情報技術分野だけでなく、経済の全分野に関係しています。ニューエコノミーに対して非常に批判的なロバート・ゴードンのようなエコノミストでさえ、一九九五年以降、アメリカ経済はほんとうに変化したのであり、ニューエコノミーを株式市場の投機バブルに還元することはできないと考えています。

不況にもかかわらず生産性の上昇が可能だったのは、労働力の〈フレキシビリティ〉と労働コストの〈可変性〉のおかげです。要するに、一方では〈ストック・オプション〔あらかじめ決められた価格で自社株を購入できる権利〕〉や〈ボーナス〉といった給料の可変部分を大きく削り、他方では一時的従業員を解雇し、こうして労働の生産性の増加よりも低く労働コストを抑えることができたのです。アメリカでは〈臨時雇い〉は賃金労働者の二%にすぎませんが、彼らは二〇〇一年の失業者の三〇%を占めます。まさにこのフレキシブルな労働力の予備供給の存在とトータルな労働コストの可変性によって、職を失わなかった人々の所得は現実に増加したのです。

もっとよく見てみましょう。二〇〇一年、資本財〔機械、新技術〕への出費は大きく減り、売残り在庫数も激減しました。以前までの景気循環ならば、大量の解雇がおこなわれ、所得が落ち込み、深刻な不況に見舞われたでしょう。ですがそうはならなかったのです。実際のところ、景気後退期の失業率は、たしかに増えましたが、五・八%を越えませんでした〔一九八一―八二年の後退期は一〇・八%になりました〕。さらに、生産性向上のおかげで、就業人口の減少にもかかわらず、生産と実質国民所得は増加しました。二〇〇一年のデータを並べると、ニューエコノミーの総生産は〇・四%、実質賃金は二・五%、消費支出は三・一%、それぞれ上昇しています。

ニューエコノミーが過剰生産の危機に対処しえたのは、他にも以下のような要因があったからです。すなわち、第一に在庫目録を管理するコンピュータ・システム。第二に新しいテクノロジー製品の寿命短縮。このおかげで危機の衝撃が最も大きかったテクノロジー部門は、売残り在庫を迅速に処分することができました。第三に、景気後退がまだ公になる前にFRBが金利を引き下げたその対応の早さです。

景気循環のこのような構造的変化を前にして、フレキシブルな労働力の役割を改めて考察しなくてはなりません。ニューエコノミーの成長を保証したばかりか不況時にもその支えとなったのは、労働力の〈一般的〉なフレキシビリティでした。さて、フレキシビリティは〈集団的財〉ですが、資本はそれを〈私的〉に管理運営し、市場が上向けば雇用を増やし、需要が落ちると解雇に走ります。フレキシビリティが集団的財なのは、それが生きた労働の〈一般的知性〉に他ならないからです。ヴィルノにしたがえば、「〈一般的〉な知性あるいは精神のもっとも一般的な性質は、言語能力、学習意欲、記憶力、抽象と関連付けの能力、自己反省的な傾向」（Virno, 2002, p.77〔訳、二〇七頁〕）です。こういった一般的な人間的能力なしに、つまり考え行動し「自らの仕事と他者の能力との結合」を調整するこの〈能力〉なしに、〈労働のフレキシビリティは想像することさえできない〉でしょう。労働力のフレキシビリティの集団的／公共的性質（その協働の質）を認めなければ、資本が〈景気回復期の利益を私有化する一方で危機の費用を社会化する〉のを、許してしまうことになります。

ニューエコノミーの循環の分析から現われるもうひとつの根本的な要素は、〈生産時間〉と〈労働時間〉の不均衡です。ヴィルノはこう書いています。「ポストフォーディズムの〈生産時間〉

は非労働の時間を含んでいる、すなわち非労働の時間に根ざした社会的協働を取り込んでいる。したがって〈生産時間〉とは、報酬のある生活とない生活、労働と非労働、目に見える社会的協働と見えない協働が、分割不可能な統一体を形成している時間なのである。労働時間は、このように理解された生産時間の単なるひとつの構成要素であって、必ずしもその主要部分を占めるわけではない」（*ibid.*, p.74〔訳、一九九―二〇〇頁〕）。端的に言えば、コミュニケーション＝関係構築的に働く生産力に支えられた経済にあって、わたしたちは、たとえばテレビを見ているときも生産しているのです。なぜなら視聴率の上昇に貢献し、それが宣伝になったりするのですから。「つまり、ポストフォーディズム時代の剰余価値を決定しているのは、何よりもまず、労働時間に算定されない生産時間と文字通りの労働時間とのギャップである、と言わねばならないだろう。それはただ労働時間内の必要時間と余剰労働の差ではなく、おそらくはとりわけ、生産時間（その内に非労働とその特殊な生産性を含む）と労働時間との差である」（*ibid.*〔訳、二〇〇頁〕）。

〈社会関係〉として資本をマルクス主義的に再定義させるこの不均衡において、戦争には二重の役割、古典的な役割のほかに、ポストフォーディズムの〈帝国〉的形態ならではの役割があります。

第一に、ニューエコノミーの景気後退期にあって、戦争は、ニューエコノミー隆盛の時代に生産された情報機器の〈余剰〉の大きな部分を吸収する機会でした。事実、９・１１以降、軍事と安全保障への支出が増加し、情報技術産業は、抑圧的な安全管理の社会の内に新しい市場の可能性を見出したのです。管理のデジタル化、および反テロリズムの名のもとに私的領域を侵害し、廃棄されたはずのテクノロジー〈余剰〉の多くをリサイクルすることができました。新しいテクノロジーの市場は、アメリカだけではなく、「ブッシュ・ドクトリン」（国家安全保障担当大統領補佐官コンドリーザ・ライスによる）にしたがえば、きっぱりと反テロリズムを標榜し、したがってアメリカの経済援助を受けるに「相応しい」、すべての国々に拡大しました。ここで注意しておきますが、アメリカ鉄鋼業を保護する自由主義的とは言いがたい関税を設定したり、石油のOPEC依存を緩和するためロシアに接近したり（サウジアラビアの国民にとっては災難でした）といった行動からも分かるように、この経済的援助は、アメリカに対するテロリズムを成熟させ自己正当化させている貧困の根絶が目的ではありません。それはむしろ、地域の社会的運動を抑える下請（アウトソーシング）のかたちで、国外に向けられた援助であり直接投資でした。

第二に、アメリカが開始した反テロリズム戦争は、〈他の手段によるニューエコノミーの継続〉を表わしています。ニューエコノミーは、情報革命を背景として世界的規模の統治形態が問題になっていた時代、ソ連の崩壊に代表されるような国際的文脈のなかで生まれました。つまり問題は〈帝国〉なのです。国際的な均衡を維持してきた二極的な形態が乗り越えられ、脱分極化が進んだ結果、グローバルな政治的＝軍事的な調整が浮上するようになりましたが、こうした事態を指し示すために用いられるようになったのが〈帝国〉という用語なのです。

九十年代のはじめから、〈帝国〉は、〈無秩序の帝国〉、まったく予測のつかない突発的な変数の寄せ集めとして現われていました。アメリカの技術的優位をバックに無秩序の帝国を統治するためには、ワルシャワ条約〔一九五五年、ソ連を中心とする東欧諸国の軍事同盟結成にあたり締結〕後の公式的な同盟関係を越えた、〈実質的な〉グローバル戦略を練り上げる必要があります。実際のところ、ソ連の崩壊によって、危険に満ちた世界のイメージが不鮮明になりかねません。ですから、世界＝システムとその内部の矛盾がいかに機能するかを説明しうる〈表象〉と〈パラダイム〉、そうした概念的道具を構築する必要があるのです。

ハイジ＆アルヴィン・トフラー（『第三の波、情報戦争』）、サミュエル・ハンチントン（『文明の衝突』）、アンソニー・レイク（『封じ込めから拡大へ』）、一九九三年に出版された以上の三作は、アメリカの将来的なグローバル戦略の概念的基盤を定めました。これらの理論は、それぞれ立場を異にするものですが、クリントンそしてブッシュの政権下でとりわけ重要な以下のポイントを共有しています。
（1）グローバルな敵対者の消滅と軍事的な二極対立の消滅に由来する、〈他者〉との相互作用を欠いた無戦略的な自意識への「自閉症的」なとじこもり。
（2）変わることのないグローバルなヒエラルキーと不平等に基づく根本的な大前提として、世界をリードする西洋、その西洋をリードするアメリカ、という構図。

（3）一極化が終焉した後の複雑な世界における最小限軍事介入に関する原則の探求。
（4）〈専制国家〉とは軍事政権が経済を支配する国家であるという定義。経済、とりわけ情報経済は、トフラーとレイクにとっては第一義的な要請ですが、ハンチントンにとって経済の支配はさまざまな文化的アイデンティティ（ユダヤ＝キリスト教的なもの以外は専制的な）の衝突から生まれます。

このようなアメリカ帝国的な意識の上で、クリントンとブッシュは、ニューエコノミーのグローバルな調整という同じ課題にたいする二つの傾向を代表しています。クリントン政権のニューエコノミー拡大期には、アンソニー・レイクの言う〈拡大〉の戦略により、市場の経済が空間的に拡大されました。これは、アメリカの技術的優位の下に〈帝国〉を治める前提として、国民国家の自律性を軍事的に破壊し、脱バルカン半島化〔小国分裂の解消〕を進めるものです。しかしこの戦略を実行するには、国際的文脈におけるニューエコノミーのパラダイム自体の内に、一連の構造的な弱点がありました。東南アジア（一九九七―九八）とロシア（一九九八）の金融危機、そのアメリカ国内での反響〔破産に瀕した〈ヘッジファンド〉のロング・ターム・キャピタル・マネジメント〕、そしてアルゼンチンの金融危機を経て、高度に金融化した市場経済をそのまま普遍化するには、大きな困難のあることが分かりました。アメリカ軍のもつ情報技術は、紛争地点への精確で実質的な介入を可能にさせ、国民国家の論理に対する〔今なお国民国家の論理が強い国連に対しても）帝国の優越を確保させています。けれども、グローバルに拡大するニューエコノミーの内的矛盾を、この軍事技術的優越が解決することはできないのです。

ニューエコノミーの危機とこの〈アメリカ〉の危機の世界的な影響が、クリントンからブッシュへの移行期を染めたのは偶然ではありません。このことをわたしたちは、経済のデジタル化を推し進めた金融化の過程が、いかに金融市場の〈非対称性〉を（つまり世界のどの地域であれその経済的自律性を空洞化するアメリカ株式市場の牽引力を）支えとしていたかに注目しながら述べてきました。ヨーロッパはユーロという地域通貨をもっていますが、アメリカから通貨的に自立することができません。なぜなら、グローバルな（もちろんヨーロッパも含まれます）金融化体制のなかで、資本は、より収益の大きいところに（したがってまさにアメリカに）流れるからです。

言い換えると、ニューエコノミーの金融化は、デジタルな過剰生産の梃子、ゆえにまた景気の循環性の梃子となるだけでなく、クリントン時代の〈拡大〉戦略の見直しを迫るものなのです。クリントンの戦略で最大の限界は、市場経済の普遍化が、帝国的な拡大主義と国民国家との矛盾よりも、さらに大きい矛盾の上で遂行されたことです。

アメリカのデジタル経済（トフラーの言葉を借りれば）は、おのれの優位を不動のものにしたければ、ニューエコノミーの特徴のひとつ、つまり経済性第一に活動する企業の行動の〈徒党的〉で〈犯罪的〉な性質を、何とかして解決しなければなりません。すでに株式危機は、金融市場の機能に典型的な「言語の自己言及性」に刺激された何百万もの貯蓄者に、影響を及ぼしました。ですが、成長する経済（あるいは無責任な企業）と政府の政策的調整をめぐる徒党的＝犯罪組織的な性質があらわになったのは、とりわけエンロン（エネルギー取引とITビジネスを中心としたアメリカの巨大企業。二〇〇一年に不正経理の発覚により破綻）のケースでした。

ニューエコノミーに特徴的なもうひとつの矛盾は、石油に関するもので、これはクリントンからブッシュへの戦略的な移行を加速させました。アメリカで経済的〈拡大〉が経験した挫折のひとつは、カリフォルニアのエネルギー危機でした。エネルギー市場の自由化と、とりわけエネルギー生産の民営化は、アメリカの消費者にとってまったくの〈やぶへび〉だったことが、二〇〇一年にはっきりとしました。カリフォルニアのエネルギー危機によって明らかとなったのは、アメリカが中央アジアに進出して、石油パイプラインを敷設し、米ソ同盟を締結することが、アラブ石油への依存度を減らす上で戦略的に不可欠と考えられていた、ということです。ビン・ラディンの攻撃のタイミングを決定したのは、おそらく、この拡大主義的計画がもはや引き返せない地点に達したという意識だったでしょう。

ビン・ラディンとテロリズム一般に対するブッシュの十字軍宣言は、〈帝国〉の政策的調整をおこなうニューエコノミーの矛盾によって説明されます。イデオロギー的な見地からすれば、ハンチントンの概念の完全な復活ですが、もはや防衛ではなく攻撃が語られます。ですがその基本的な性格は、すでにクリントンの拡大戦略の内に存在していました。西洋文明のイスラム文明に対する優越感が、敵を殲滅することを「正当化」し、ニューエコノミー・モデルの勝利を確実にさせます。さらに、グローバリゼーションの経済的社会的な矛盾には決して触れず、西洋文明の敵のテロリズムという言い方に固執し、西洋の経済的テロリズム、エンロン経営陣のテロリズム、現ブッシュ政権のテロリズムの重大さを軽視しています。

ブッシュ・ドクトリンがはじめて明確に適用されたのは、二〇〇一年七月のジェノヴァG8サミットのときでしたが、拡大主義と敵の殲滅を二本柱とするこのドクトリンの真の実験室は、イスラエルです。

最後に、「生政治」という概念に触れておきましょう。この概念は、九十年代、〈帝国〉の展開を描写するために用いられました。それによると、〈帝国〉が機能するには平和が必要であり、したがって、人道的な軍事介入主義は、剥き出しの生の統治、生自体の統治の裏返しなのです。ですがこれまで述べてきたところから考えると、この〈生政治〉の概念を適用するには困難があります。ともかくこの概念には、非常に曖昧なところがあり、まずそれを明らかにしなくてはなりません。

パオロ・ヴィルノが次のように書くとき、彼は完全に正しいでしょう。「生政治が現われるのは、人間存在の潜勢力の次元、すなわち話された言葉ではなく話す能力、現実に遂行された労働ではなく一般的な生産能力が、大きく表面化して直接的な経験となる場である」（Virno, 2002〔訳、一五五頁〕）。生政治において労働力の生きた身体が統治／調整されるのは、それがただ「純粋な能力の基体」であるかぎり、資本が真に重要視する唯一のものの貯蔵庫、つまりさまざまな人間的能力を総合した労働力であるかぎりです。「非物質的な（それ自体は顕在化していない）労働力が問題となるとき、生が政治の中心に置かれる。それゆえ、ただそれゆえに、生政治学を語ることが許されるのだ。国家の行政諸機関が注意を向ける生きた身体は、いまだ現実化されていない潜勢力の確かな徴表であり、いまだ客体化されていない労働、マルクスの美しい表現を借りれば「主体性としての労働」のシミュラクルなのである」（*ibid*., p.55〔訳、一五三頁〕）。

これは、グローバリゼーションとグローバルな〈統治〉の現段階を理解するために、決定的な定義と言えるでしょう。生政治は、グローバルな資本主義的統治の特権ではありません。生政治は、クリントン政権時にはたんに偽装されたかたちで存在していたにすぎませんが、ともかくも世界的規模の経済的〈拡大〉戦略の内にはつねに存在していました。それゆえ、マルチチュードの身体に配慮し、マルチチュードの身体がおのれのために生きることを可能にする政治、つまり〈下からの生政治〉を展開する務めが、さまざまな抵抗運動に担われているのです。

解説

追伸——〈金融〉と〈生〉について

水嶋一憲

クリスティアン・マラッツィの主著と呼ぶにふさわしい『資本と言語』は、二〇〇〇年代初めに発生した、ニューエコノミーの危機（いわゆる「ドットコム・クラッシュ」）と九・一一の攻撃（また、それを受けてブッシュ政権が押し進めた「戦争経済」）のあたえたショックとその余波のなかで書き上げられた。このコンパクトながらも画期的な視座と革新的な洞察に満ちた本のなかでマラッツィは、フォーディズム（産業資本主義）からポストフォーディズム（ポスト産業資本主義）へ、さらにはニューエコノミーから戦争経済へといたるプロセスをたどり直しながら、言語という共通のモデルに照らして、資本・金融・労働・生産等のあいだの新たな連関をくっきりと浮き彫りにしてみせている。

このように挑発的な問題提起と啓発的な理論構成からなる本書は、二一世紀最初のディケイド（いわゆる「ゼロ年代」）を締めくくるかのように発生した金融メルトダウン（〇八年）以降、現在までつづくグローバルな経済危機とその行方について根底的に考えようとする読者にとっても、きわめて大きな示唆と刺激をもたらすものであるに違いない。

＊

アントニオ・ネグリとの共同作業でよく知られるマイケル・ハートは、本書にも追加収録された「英語版まえがき」で、著者マラッツィの「稀少さ」について次のように述べている。「金融市場や経済政策の複雑さを一般の人々に語りうるエコノミストは、すでに稀少な存在と言えるが、マラッツィの稀少さはそれに留まるものではない。というのも彼は、現代の政治理論と社会理論のレンズをとおして経済発展を読み解きながら、経済的な土壌にしっかりと足をつけてそれらの理論に反省を加えることのできるエコノミストであるとともに、そのような仕方で政治・社会理論のもっとも刺激的な流れに関わり、それを前進させることのできるエコノミストでもあるからだ」（一―二頁〔以下、本書からの引用は該当頁数のみを記す〕）。

このようなかたちで政治・経済・社会の理論と現実を果敢に横断しながら、それらに鋭利な分析を加え、積極的に介入することのできるマラッツィの「稀少な」能力は、本書につづく『燃えつきた金融』（二〇〇九年）においても遺憾なく発揮されている。(1) これは、金融危機の発生後、短期間で刊行された小さな本だが、『資本と言語』で呈示された中心的なテーゼを現在進行中のグローバルな経済危機のなかで発展させ、金融資本主義の暴力とその蓄積形態に関して新鮮な議論を展開しているという点で、前著を補足するタイムリーな続編とみなすことができるだろう。以下では、この新著の紹介もかねて、金融危機後の状況のなかで『資本と言語』を読み返しながら、〈金融〉と〈生〉のつながりについて、あるいはまた金融資本主義の暴力と生政治の力能について、解説的な追伸を書き添えておくことにしたい。

＊

まず一方で、長いあいだ金融資本は、自らは何も生産しないのに経済的なリスクを増幅させる悪しき寄生体として批判されてきた、と言えるだろう。とりわけ、二〇〇八年以後のグローバルな金融・経済危機の渦中で、金融に対するこうした批判はかなりの広がりをみせ、金融資本が煽り立てる「カジノ資本主義」の空虚な騒ぎを離れて、産業資本が堅実に運営する「ものづくり」の世界に立ち返り、経済の「再産業化」（できれば、少しばかりグリーンな）をめざすことが急務であるという主張が――左右双方から――なされるようになった。

しかしながら、「実体経済」と「擬制資本」という、〈現実〉と〈虚構〉の二分法にもとづくこうした伝統的見解は、現代の金融の本質的な性質と機能を捉えそこなっていると指摘せざるをえない。マラッツィの分析に即してハートが明快に整理しているように、「金融は、一部の新古典派やマネタリストの経済学者が言うような、人間の労働や生産過程から相対的に自律した自生的な価値の王国でもなければ、マルクス主義者や批判哲学の一部の流れが主張するような、擬制的な価値と純粋な投機の構成物でもない」（三頁）。これら二つの一般的な見方をともにしりぞけ、今日の金融資本主義の危機を独自の視角から批判的に解析しつつ、マラッツィは以下のような示唆に富む命題を呈示し、その重要性を強調している。

金融化とは、剰余価値と集団的貯蓄の増加分が非生産的／寄生的な仕方で［擬制的な金融資本に取り込まれ、現実的な価値生産過程から］逸脱してゆくプロセスのことではない。そうではなくて、むしろ金融化は、新たな価値生産過程に釣り合った資本の蓄積形態にほかならないのである（*FB*, p.70［以下、引用文中の強調は原著者による］）。

このように、金融に関する従来の標準的見解に真っ向から異を唱え、「金融化」と「新たな価値生産過程」のあいだの密接な結びつきに焦点を合わせようとする、マラッツィの大胆なテーゼは、いかにして成り立ち、またいかなる射程を有しているのだろうか。この問いに答えるためには、フォーディズムからポストフォーディズムへ、さらにはニューエコノミーからウェブ2・0ビジネス（「グーグル・モデル」に集約されるような）へといたる、この三十年間ほどの移行と変化のプロセスを検証しておく必要がある。ここでは、〈金融〉と〈生〉のつながりに主として着目しながら、この問いにアプローチすることにしよう。

＊

本書の冒頭でマラッツィは、今日の金融資本主義の基礎にある――一見すると些細だが、じつは大きな意味をもつ――出来事として、一九七〇年代中頃、フォーディズムからポストフォーディズムへの転換期に生じた、「年金基金の静かな革命」（一七頁）に注目している。当時、財政危機に瀕していたニューヨーク市はその赤字を埋め合わせるために、公務員の年金基金を転用し、それを市債に投資したのである。この措置には、〈金融〉と〈生〉を互いに切り離しえないかたちでしっかりとリンクさせるための重大な契機が含まれていた、と考えられる。

まず指摘しておかなければならないのは、この措置を講じることによって、公共部門の職員と公的扶助を求めるプロレタリアートとの「政治的同盟」が断ち切られることになった、という点である。なぜなら、年金基金を通じてその積立金が市債に投資された公務員にとって、コストのかかる社会サービスの主たる受益者である都市の下層階級《アンダークラス》の行為を取り締まり、彼らの〈生〉を規律化することは、自己の利害に合致した処置にほかならなかったからである。すでにここには、社会保障や社会福祉の削減、都市のジェントリフィケーションといった一連の政策をとおして後にその姿をはっきりと現すことになる、新自由主義的な政治秩序にとっての不可欠の構成要素が見出される、と言えるだろう。

またあわせて指摘しておかなければならないのは、そもそも年金とは基本的に「遅延された給与」のことである以上、年金基金の市債ひいては株式市場への投資は、退職後の年金生活者としての〈生〉とその所得を資本のリスクに結びつけ、将来の〈生〉を資本の手にゆだねることを意味する、という点である(2)。さらに付け加えておくならば、七〇年代半ばのニューヨーク市の年金基金の流用に見られる、このような〈金融〉と〈生〉のつながりは、その後の「確定拠出年金」や「オープン型投資信託」、そしてオンライン証券取引の普及とも連動した「金融の社会化」や「家庭経済の金融化」等をとおして、ますますその深度と強度を増しながら、グローバルに拡大していったのである。今日では、各種保険や住宅ローン、ヘルスケアや教育、クレジットカードによる購入や決済、キャッシング等々にいたるまで、私たちの日常生活の再生産に関連する数多くのサービスが金融化され、その実質的な管理責任が公共部門から金融市場に移されているということは、すでに周知の事実であろう。

＊

本書の第一章でマラッツィが詳細に分析しているように、フォーディズム体制の変容と崩壊は、主に生産様式と労働様式の変化を通じてもたらされた。この場合、まず生産過程において新たに支配的な役割を果たすようになったのは、〈トヨタ・モデル〉に顕著に見られるように、従来の需給関係を逆転させ、ごく些細な需要の変化にも速やかに応答しながら生産する、「市場と共に呼吸する」（五二頁）かのような〈ジャスト・イン・タイム〉の生産様式である。また労働過程において新たに支配的な役割を果たすようになったのは、従来の規律的な工場労働をコミュニケーションにもとづく社会的労働へと転換しつつ、「労働者の生の全体を働かせる」（五三頁）ことをめざす、フレキシブルで不安定《プリケアリアス》な労働様式であった。

こうした変化をうけてポストフォーディズムの蓄積体制は、工業製品のような物質的財を生産する労働の搾取をその土台とするものから、知識や情報やノウハウ、情動やコミュニケーション、文化やアイデンティティ、生命や健康といった社会的生そのものの生産にかかわる「生政治的労働」の搾取、一言でいえば、生の諸形態の搾取をその土台とするものへと移り変わっていったのである。いまや富や搾取の源は、従来の資本／労働の関係をはみ出して、資本／生の関係へと移動し、拡大していっている、と捉え直しておく必要があるだろう。

私たちはマラッツィとともに、フォーディズムからポストフォーディズムへの移行に伴って生じたそのような変容を、「経済の生政治的転回」と呼ぶことができる[3]。そして、かかる生政治的転回において、人びとの生に対する資本主義的コントロールを維持し、強化する上できわめて大きな力を発揮することのできるもの――まさにそれこそが金融と金融化のメカニズムなのである。

*

ネグリ＆ハートは、『資本と言語』におけるマラッツィの基本的な考察を参照しつつ、〈帝国〉三部作の最後を飾る『コモンウェルス』で次のように述べている。「これまで多くの点で金融化は、産業資本の依拠していたフォーディズム的な社会関係とその他の社会的基盤が迎えた危機に対する、資本主義的な応答として機能してきた。ただ金融のみが、急速に変化し、グローバルに拡大しつづける、生政治的経済の社会的な生産回路をフォローしながら、そこから富を引き出し、それに指令を下すことのできる能力をもつ、というわけである。また同じく金融のみが、生政治的な労働力にフレキシビリティや移動性、不安定な状態を押し付けながらその状態を監視することができ、おまけに社会福祉の費用を削ることもできる能力をもつ、というわけだ！」[4]。こうした観点からネグリ＆ハートは、コミュニケーションや社会的相互作用をその本質的要素とする生政治的経済のなかで資本主義的なコントロールを効かせるためのオプションとしては、〈戦争〉よりも〈金融〉の方が――とくにグローバルな貴族層にとって――より高い実効性を有するという現状分析と見通しを示している（むろん、これは〈戦争〉のオプションそのものが消失したということを意味するわけではない）。

いうまでもなく、金融の働きはいまや経済循環の全体にまで及んでいる。先にも例示していたように、私たちの日常生活はその隅々にいたるまで金融化されているし、自動車産業のような製造業もクレジット・メカニズム（リースや分割払い）と完全に一体となって機能している。[5]今日のグローバル資本主義は、その作動論理の中心に金融化のメカニズムを据えており、またそこでは、産業的利潤を「擬制的」な金融的利潤から区別するような、実体（産業）経済と金融経済の二分法はもはやその妥当性を失っているのである。

＊

アメリカ発のサブプライム金融危機とそれにつづくグローバルな経済危機は、世界の「住民全体の剝き出しの生」（*FB*, p.23）に容赦なく襲いかかり、現在にいたるまで、住宅や貯蓄・資産、雇用・給与や年金の運用等々に破壊的な影響を及ぼしている。すでに二〇〇〇年から二〇〇二年にかけて、ニューエコノミーのブームが終わりを迎えようとしていたころから、アメリカの住宅価格は加速度的に上昇しはじめていた。けれども、不動産部門のこうしたバブルは、サブプライムローンを始めとする住宅金融の多重証券化をとおして、二〇〇七年までその崩壊が先延ばしされ、その結果、グローバルな規模で莫大な損失と被害をもたらすことになったのである。

サブプライムローンの拡大が示しているのは、何よりもまず次のことであろう。すなわち、金融資本主義が利潤を上げるためには、「中産階級に加えて、貧者をも巻き込む必要がある」(*FB*, p.58)ということだ。マラッツィは言う、「こうした資本主義はおのれを機能させるために、自分では何の保証も提供することのできない人びと、差し出すものとしては自分自身しかない人びとの剝き出しの生に向けて投資する。これは、剝き出しの生を利潤の直接的な源に換えるような資本主義なのである」(同)、と。そして、このような原理に依拠するサブプライムローンは、諸個人の有する〈住宅に対する社会的権利〉を、金融資本の有する〈利潤の実現に対する私的権利〉へと自動的に従属させる働きをする。二／二八ハイブリッド型ローン(最初の二年間は優遇固定金利、残りの二八年間は変動金利を適用する住宅ローン)があからさまに示しているように、当初二年間の〈住宅にアクセスする権利〉(社会的所有権)は、残り二八年間の〈金融市場の私的論理にもとづく権利〉(私的所有権)にすぐさま取って代わられ、またそれに応じてサブプライム層は住居の差し押さえや、追い立てのリスクに曝されつづけることになるわけである。

このように、より大きな利潤の実現をめざして低所得者層をも次々と巻き込んでゆこうとする、金融資本によるこの内包化のプロセスには、社会的所有権と私的所有権のあいだの矛盾(また、それに対応した内包化の限界／限度《リミット》）が埋め込まれている、と考えることができるだろう。マラッツィは金融資本が抱えるこうした矛盾を的確に指摘しつつ——また興味深いことに、それに重ね合わせて、前近代から近代にかけての共有地の囲い込みの過程（すなわち、共有財としての土地をよりどころにしていた多数の人びとを、共有地の私有化と分割を通じてそこから締め出し、プロレタリア化と賃金労働者化を暴力的に押し進めていった、本源的蓄積のプロセス）を思い起こしながら——、金融の論理と〈コモン〉（〈共〉）との関係について、次のように分析している。「……金融の論理とは、コモン（共有財）を生産しておいてから、あらゆる種類の稀少性——金融手段や流動性の稀少さ、権利・欲望・権力の稀少さ——を人為的に作り出して「コモン（共有地）の住人」を追い出し、それによってコモンを分割・私有化しようとするもののことである」（*FB*, p.61）。社会的諸関係をとおして生み出されたコモンが、過多《ハイパー》な利益を追求する金融資本によって私的に領有されるとき、もっと一般化していうならば、コモンの生産と資本の拡大が衝突するたびに、本源的蓄積のプロセスは形を変え、より強度を高めて、ゆえにまたいっそう危機的な仕方で反復されることになるのである。

＊

これまで検討してきたように、もはや私たちは「実体経済」／「擬制資本」という二分法にもとづいて、前者の非生産的で寄生的な派生物として金融のメカニズムを捉えることはできないし、金融化を離れた「ものづくり」の世界への回帰をノスタルジックに唱えることもできない。それどころか今日、金融化のプロセスは——マラッツィが強調するように——新たな価値生産過程と分かちがたく結びついており、両者のつながりを明確に分析することが必要なのである。

二〇〇一年の危機のあと、ニューエコノミーは〈ソーシャル・ウェブ〉や〈ウェブ2・0〉へとその戦略をシフトさせた。フェイスブックやマイスペース、ミクシィといったSNS（ソーシャル・ネットワーク・サービス）の運営するプラットフォームから、グーグルの提供するアプリケーションにいたるまで、それらのサービスがビジネスとして成功を収めることができたのは、ひとえに、莫大な数のユーザーたちが織りなす社会的な諸関係や相互作用から剰余価値を引き出すのにそれらが長けていたからにほかならない。〈ウェブ2・0〉と総称されるものが呈示する経済モデルは、フォーディズム的な〈賃労働〉を周縁化しつつ、無数のユーザーたちの自発的な協働や〈フリー労働〉（ここでいう〈フリー〉には、無給／不払いということと、規律を課したり、指令を下したりすることが困難ということとの、二重の意味が込められている）を貨幣化することをその価値生産の基盤としているのだ。

ところで、こうした際立った変化をより長いタイム・スパンのなかで捉え返してみると、すでにフォーディズムが危機を迎えたころから「新たな蓄積過程」（*FB*, p.76）が進行していたことが明らかになるだろう。マラッツィによれば、ここ三十年ほどのあいだに「剰余価値の生産過程に固有の真の変貌」（*FB*, p.70）が生じたのであり、その変貌は、価値抽出の場が「工場の鉄柵を越えて、資本の流通〔および再生産〕過程のなかにダイレクトに入り込んだこと」（同）、いいかえれば、価値の生産過程が外部化されたこと――その典型的な例は、〈消費者〉や〈ユーザー〉がつねにすでに〈生産者〉としての役割を果たす、今日のブランドやウェブ2・0をプラットフォームとする〈生産的消費者／生産的ユーザー〉の興隆および〈クラウドソーシング〉の浸透である[6]――に呼応したものなのである。そのため、マラッツィが的確に指摘しているように、ポスト産業資本主義における蓄積過程は、「直接的生産過程の外部で生み出される価値を生産し、捕獲することのできる諸装置への投資」（*FB*, p.77）を軸に押し進められることになる。そして、そうした「新たな蓄積過程」の結果もたらされた「剰余価値の過剰」と利潤の増加――繰り返すが、その根底にあるのは、消費者を経済的価値の生産者へと転換するような「価値生産過程の外部化」と、それに連動した、雇用の不安定化や断続化、不払い労働の増大である――は、金融化を促進する動力となったのである。私たちはマラッツィとともに、「蓄積・利潤・金融化のあいだの関係」（*FB*, p.77）を新たな視覚から分析しなければならないだろう。

＊

かつてマルクスは、大工業の発展につれて現実的な富の創造が、直接的な労働時間の量に依存するものから、「社会的頭脳の一般的生産諸力の蓄積」としての「一般的知性」に依存するものに移り変わってきている、ということを明示してみせた[7]。マルクスが産業資本主義の初期にすでに見通していたこのような傾向は、ポスト産業資本主義とも認知資本主義とも呼ばれる新たな価値の生産様式が現出している今日、いよいよ顕著なものとなっている。いまや一般的知性は、かつてのように工場内に設置された固定資本としての機械のなかに吸収されてしまうのではなく、工場の壁を越えて社会全体へと広がり、大都市《メトロポリス》という社会化された工場内で協働する労働力の生きた身体に転位されるようになっている、とみなすべきだろう。ポスト産業資本主義の鍵となる原理は、このように基本的に直接的生産過程の外部に存在する、しかも相対的に自律した「一般的知性」ないしは「大衆知性」を、生産的源泉として取り込み、領有することにある。

こうした新たな剰余価値の生産様式とその捕獲のメカニズムを明示するモデルとして、改めてグーグルを取り上げておこう。グーグルは、たんに上からのデータ管理装置（デジタルなパノプチコン／オーウェル的なデータ監視マシーンといった、一般的なイメージが示すような）であるばかりか、下からの価値生産装置（ページランクという――ウェブ上の各ノードの価値ランクを決定するための――精巧なアルゴリズムを通じて作動するような）でもある。要するにグーグルは、一般的知性や共同知性によって生産された価値を捕獲する装置でもあるわけだ。別の言い方をするなら、グーグルはグローバルな非物質的工場であり、そこでは、一般的知性という共有資源が人びとの注目を集めるネットワーク状の価値や富へと変換されながら、貨幣化・現金化されるのである（具体的には、アドワーズを通じて流入したマネーが、アドセンスを通じてブロガーやウェブ会社に配分されるといったかたちで）。

かつての〈トヨタ・モデル〉が、市場のニーズをいち早く察知し、生産を消費に従わせることによって旧来のフォーディズム的論理を逆転させるものであったとするならば、現在、主流となっている〈グーグル・モデル〉は、消費者じたいを生産者として働かせながら、無数の消費者やユーザーたちが〈フリー労働〉を通じて生み出す価値を捕獲する装置である、と言えるだろう。

＊

〈トヨタ・モデル〉から〈グーグル・モデル〉へのこうした移行が顕著に示しているように、ポスト産業資本主義における新たな蓄積過程は、剰余価値の生産と捕獲の方式を徐々に転換していった。またそのようにしてそれは、〈賃金・レント（地代）・利潤〉のあいだの関係を大きく変化させ、それまで前資本主義的な遺制として周縁に追いやられていた〈レント（地代）〉をさまざまなかたちで復活させながら、利潤とレントの区別を不鮮明なものにしていったのである(8)。

一般的にいって、リカードからマルクスを経てネオ・リカーディアンにいたる経済理論では、レント（地代）は利潤とは区別されるカテゴリーとして扱われる。すなわち、利潤が生産と雇用の成長をもたらす「良き」生産的資本主義と結びついたものであるのに対し、レントは――地主や金融資本が労せずして手にする――非生産的で寄生的な収入にすぎない、といった仕方で。ところが、ポスト産業資本主義においては、利潤とレントの区別が曖昧になるばかりか、

「利潤がレントになる」傾向がある。つまり、ポスト産業資本主義において利潤はレントのなかにある、または、レントこそがポスト産業資本主義における新たな利潤である、というわけだ。なぜか。ごく簡略化して述べるなら、ポスト産業資本主義においては、「一般的知性」や「大衆知性」をその生産手段とする〈コモン〉（〈共〉）が剰余価値の生じる場となっており、たとえばグーグルのプラットフォームやアルゴリズムはそのような〈コモン〉を捕獲する装置であり、それによって得られる利潤はレントというかたちをとるからだ。

　このように、かつての封建制度のもとでのレント（地代）が共有地（コモンズ）の領有から生じたとすれば、今日の――「デジタルな新封建制度」（マッテオ・パスキネッリ）のもとでの？――レントはネットワーク状に結びついた非物質的なコモンズの領有から生じるわけである。したがってまた、相対的にみて産業資本主義が労働力の搾取によって生み出された〈利潤〉に支えられていたとするならば、ポスト産業資本主義は一般的知性の私有化を通じて領有された〈レント〉に支えられつつある、と指摘することも可能だろう。じっさい、すでに私たちは、一般的知性の私有化を通じてレントを領有することをめざす、諸種のプラットフォームやアプリケーション（グーグルやミクシィ、ツイッターが提供するような）のために、日夜、〈小作人〉としてその〈土地〉をせっせと耕してはいないだろうか？

*

利潤とレントの区別のこうした崩壊は、〈賃金・レント（地代）・利潤〉というマルクスの三位一体的定式が、二極構造へと新たに再編されているということを示唆している。すなわち、まず一方で賃金は、かつての工場内の規律労働と結びついたものから、大都市《メトロポリス》という社会化された工場内でのフレキシブルで不安定な労働と結びついたものに移り変わってきており、またもう一方で利潤とレントの融合は、〈一般的知性〉や〈フリー労働〉を通じて生み出された価値を捕獲する装置の新たな出現を指し示しているのである。

このような二極構造にもとづき、コミュニケーション能力や感情および情動等も含めた生の諸形態や様式、ひいては「人間存在の総体性」(*FB*, p.101)を働かせる資本主義のことを、マラッツィは——アンドレア・フマガッリらとともに——〈バイオ資本主義〉と呼んでいる。これに関して留意しておきたいのは、バイオ資本主義が金融や金融化の動きと密接に関連したものである、という点だ。すでに見てきたように、バイオ資本主義は「労働者の生の全体を働かせ」ながら、私たちの日常生活を隈なく金融化している。と同時にバイオ資本主義の蓄積形態は、「かつてのフォーディズム時代のように不変資本と可変資本(賃金)への投資からなるものではもはやなくなっており、直接的生産過程の外部で生み出される価値を生産し、捕獲することのできる諸装置への投資からなるものとなっている」(*FB*, p.77)。そして金融や金融化のプロセスは、バイオ資本主義のそうした蓄積形態と完全に連動したものなのである。つまり、一方で金融化は〈新たな価値の生産と捕獲の諸装置への投資〉を推進する働きをしており、また他方でそうした投資を通じて金融化じたいが促進されることになるわけである。

＊

私たちはこれまでマラッツィの洞察を踏まえながら、金融化がたんに寄生的で逸脱的なプロセスではなく、バイオ資本主義の「新たな価値生産過程」と釣り合った資本の蓄積形態にほかならないということを明らかにしてきた。金融の働きは、生産的ネットワークに直接介入して指令を下したり、規律を押しつけたりはしない。そうではなくてそれは、社会的協働のネットワーク全体に拡散し浸透しながら、「諸々の知識・コード・イメージ・情動実践や、それらが生み出す生政治的な関係性の蓄積のなかに埋め込まれた共有の富《コモン・ウェルス》を収奪＝収容し、その富を私有化しようとする」[9]のである。つまり、金融がめざすのは、無数の「労働者の生の全体を働かせ」ながら――換言すれば、彼／彼女らの生と一体となった労働の〈自発性〉や〈自律性〉を容認しつつも、それらをバイオ資本主義の蓄積にとって望ましい方向へとコントロールしながら――、それらの生＝労働が生み出す価値や富を取り込み、領有することなのである。

むろん、バイオ資本主義の蓄積形態としての金融の論理と、本書でマラッツィが力強く言及している「生きた労働の協働」（一三五頁）や「社会的協働を構成する諸々の特異性の自由への要求」（同）とのあいだには、大きな亀裂や矛盾がはらまれている。じっさいこれまで、過多《ハイパー》な利益を追求する金融の論理は、社会的な利益関心やニーズからかけ離れた「ダイナミックな自己言及性」（***FB*****, p.65**）にもとづく要求を社会全体に強要しながら、「社会的な結びつきと生そのものの質」（同）を著しく低下させ、ローカルな経済や環境を破壊し、賃金の下落や労働の病理をもたらしてきたのだった。

とりわけ、二〇〇八年以後のグローバルな金融・経済危機をとおして、〈金融資本主義の暴力〉の苛烈さは誰の目にも明らかになった、と言えるだろう。また同時に、今日では政治が金融資本の人質にとられているということも、今回の危機をとおして明るみに出されたのだった。たとえば、オバマ政権の打ち出した金融機関の救済措置が、基本的に〈損失を社会化し、利益を私有化する〉性質のものであり、G20による「グローバル統治」の目標が金融化のプロセスをいっそう強化するものでしかなかったという事実に端的に示されているように、今日、政治の自律性は――金融市場の変動とそれがもたらす破壊的効果に追従することを強いられているという意味で――ごく低いものにすぎなくなっているということを、確認しておかざるをえないだろう。しかし、そうであるからこそ、私たちはマラッツィとともに、いま切迫した争点として賭けられているのは、「現在進行中の危機を経済的にというよりも政治的に乗り越える可能性」（*FB*, p.123）であると言明しなければならないのである。

＊

マラッツィによれば、そのような〈政治的可能性〉を追求するための原理はきわめて明快なものである。すなわちそれは、「金融システムを改革するために基底から始める」（*FB*, p.126）というものだ。現在の危機を政治的に乗り越えるためには、「基底《ベース》から始める」さまざまな闘争や抵抗運動――別の言葉でいえば、「下からの生政治」（一六六頁）、遍在する危機の渦中でそれに抗しつつ練り上げられた社会的要求の数々——から出発しなければならないのである。

そして、そうした基底《ベース》からの闘争や、下からの生政治は、バイオ資本主義のなかで私有化された〈レント〉を、〈コモン〉（〈共〉）の再領有のための〈社会的レント〉へと転換しようと試みるだろう。〈社会的レント〉とは、多様な社会的ニーズ（労働、収入、健康、教育、環境、等々をめぐる）と直結したレントのことであり、すべての人びとに「尊厳をもって生きる権利」（***FB***, p.127）を付与するような再分配システムと連動したレントのことである。〈ベーシック・インカム〉や〈保証所得〉はそのような社会的レントの根幹をなすものにほかならない[10]。

マラッツィが強調しているように、社会的レントを求める行動は、「時間という絶対的に重要な次元」（***FB***, p.127）と分かちがたく結びついている。基底《ベース》からの介入は、「長い時間的展望」（***FB***, p.128）をもって遂行されるものであり、そして「その展望のなかで、新しい世代の質的な発展が——幼少期や学校教育への投資、労働市場への最初の参入への投資とともに——より確実に保証されることになる」（同）のである。

『燃えつきた金融』を閉じるにあたってマラッツィは、グローバルな金融危機後の状況を見据えて、危機に対する基底《ベース》からの介入を「長い時間的展望」のなかに置き直しながら、こう述べている。「時間をかけることとは、一人ひとりが、即時的な利益追求の不安から解放されたそれぞれの未来を創出するための手段を互いにあたえあうことを意味する。いいかえれば、それは、各人が自己とみずからの生きる環境とに配慮し、社会的責任を果たしつつ成長することを意味するのである。消費すること・生産すること・投資することが何を意味するのかを問いただきないまま、この危機を乗り越えようとすることは、金融資本主義の前提条件やその上下の動きがもたらす暴力をそのまま再生産し、「時間こそがすべてであり、人間は無に等しい」という哲学を再生産してしまうことにつながるのだ。人間こそがすべてである［と言い直す］ために必要なのは、私たちが人間の存在の時間を取り戻し、それを再領有することなのである」（*FB*, p.128）。本書の末尾でふれられていた、「マルチチュードの身体に配慮し、マルチチュードの身体がおのれのために生きることを可能にする政治」（一六六頁）が、絶えずリスクをとることを強いる金融資本主義の圧迫的な時間に抗する「人間の存在の時間」のなかで展開されてゆくものであることは、付言するまでもないだろう。

＊

最後に、マラッツィへの最近のインタヴューのなかの一問一答を引いて、この解説的な追伸を締めくくることにしたい。

――今日、グローバル経済を座礁させないように諸政府が努めて引き受けてきた負債の規模とかたちを前にして、これからの世代はどのような代価を払わなければならないのでしょうか？

その代価はとても高くつくでしょう。すでに私たちは、失業の上昇や社会的支出の削減というかたちでそれを支払っています。この間の累積赤字を処理するための税負担がすぐに実感されるようになるでしょう。でも私たちは、私的な負債を社会的な収入へと転換させながら、その同じ代価を金融資本に支払わせることもできるのです。いま賭けられているのは、私たちが闘争をとおして、生の自律的な諸形態を創造することのできる主体として、生き延びることが可能なのかどうか、ということです。何も決まってはいませんし、すべてが可能なのです[11]。

「何も決まってはいませんし、すべてが可能なのです」。金融資本主義の暴力に抗する生政治の力能を包蔵した、このような未来の可能性に向けて——別の言い方をすれば、それじたいのうちに未来をはらんでいるような過剰な現在に向けて——、この追伸を送付することにしよう。

註

（1）Chrisitian Marazzi, *Finanza bruciata*, Edizioni Casagarande, 2009. 以下、この本からの引用にさいしては、書名の略号 ***FB*** のあとに該当頁数を記すことにする。なお、この本の最初のヴァージョンは、「金融資本主義の暴力」という題名のテキストであり、アンドレア・フマガッリ＋サンドロ・メッツァードラ監修の共同論集『グローバル経済の危機——金融市場、社会闘争、新たな政治的シナリオ』に収録された。（C.

Marazzi, "La violenza del capitalismo finanziario", in A cura di Andrea Fumagalli e Sandro Mezzadra, *Crisi dell' economia globale: Mercati finanziari, lotte sociali e nuovi scenari politici*, ombre corte, 2009, pp.17-50.）また、『燃えつきた金融』の英訳版は、最初のヴァージョンにならって『金融資本主義の暴力』と改題されていることを付け加えておく。（C. Marazzi, *The Violence of Financial Capitalism*, translated by Kristina Lebedeva, Semiotext(e), 2010.）但し、この英訳版には多くの問題点がある。

（２）この点に関しては、C. Marazzi, "La monnaie et la finance globale", *Multitudes* 32, Éditions Amsterdam, 2008, pp.115-126も参照。

（３）C. Marazzi, "L' ammortamento del corpo-macchina" *Posse* 13, 2007.

（４）Michael Hardt and Antonio Negri, *Commonwealth*, The Belknap Press of Harvard University Press, 2009, p.289.

（５）たとえば、ＧＭがその製品を消費者に販売する上で抱えていた問題は、たんに自動車の生産に関わるだけのものではなく、関連金融会社ＧＭＡＣの弱さにも関連するものであり、今回のバブル崩壊後にＧＭＡＣによる大量の債券発行は、クレジット危機を発生させかねないものとして大きくクローズアップされた。

（６）ポスト産業資本主義における〈ブランド〉の論理とその作動様式については、拙稿「〈魂の工場〉のゆくえ――ポストフォーディズムの文化産業論」、『アジアのメディア文化と社会変容』斉藤・高増編、ナカニシヤ出版、二〇〇八年、一六四―一九三頁を参照。

（７）カール・マルクス『資本論草稿集②』資本論草稿集翻訳委員会訳、大月書店、一九九七年、四七一―五〇四頁を参照。

（８）Carlo Vercellone, "La nouvelle articulation salaire, profit, rente dans le capitalisme cognitif", *European journal of economic and social systems* 20(1), 2007, pp.45-64などを参照。

（9）Hardt and Negri, *op.cit.*, p.145.

（10）拙稿「〈共〉の未来――『ミラノの奇蹟』とレントの技法への抵抗」、現代思想、三六巻五号、青土社、一〇二―一一二頁を参照。

（11）Intervista di Cosma Orsi a Christian Marazzi, "La chimera del governo globale: il capitalismo invecchia? ", *Il Manifesto*, 20-Dicembre-2009.

訳者あとがき

クリスティアン・マラッツィの『資本と言語』初版は二〇〇一年に刊行された。同年のカラブリア大学大学院での講義を編纂したものである。その後、第四章の「戦争と景気循環」が九月一一日アメリカ同時多発テロ事件の半年後に追加された(『資本と言語』新版 Capitale & Linguaggio: Dalla New Economy all'economia di guerra, DeriveApprodi, Roma 2002)。マイケル・ハートによる「まえがき」は、二〇〇八年刊行の英語版に添えられたもの。本書は、『現代経済の大転換――コミュニケーションが仕事になるとき』(多賀健太郎訳、青土社、二〇〇九年)につづくマラッツィ二冊目の邦訳である。著者については、イタリア現代思想の最先端を行く経済学者・哲学者の一人であるとだけ述べて、詳細は「まえがき」や解説に譲りたい。

残念ながら本書は読みやすくない。訳者の責任もあるが、著者のスタイルでもある。一筋の道を着実に進んでゆくような論述ではないのだ。関連する言葉がいくつも新たな角度からもちだされ、あちらこちらの穴を埋めるように嵌めこまれていく。議論は直線的に展開せず、読書はまるで森のなかをさ迷い歩くかのようだ。つぎつぎに現われる鮮やかな風景の切れ端に感心したり、足取りも軽く歩んでいたかと思えば、抽象的な経済分析に立ち往生したり(訳者は水嶋氏の援助がなければ確実に遭難していた)、まったくのところ、安心して読み進むわけにはいかないのである。

マラッツィの大きな功績は、金融的側面（ニューエコノミー）からのアプローチを通して、ポストフォーディズム社会の分析を前進させたことである。労働者の運命と資本のリスクが一体化した現状がえぐりだされる。ますます厳しくなる搾取に対して闘うために、以前とは様変わりしたこの状況をしっかりと把握しなくてはならないのだ。いくつかのテーマはあらかじめ押さえておく必要があるだろう。繰り返して言えば、さまざまな言葉に合わせて分析の視点も移り変わるわけだが、これらすべてが互いに関連しあい、まさに同じひとつの状況を浮かび上がらせていることに注意したい。金融、テクノロジー、世論、慣習、言語（＝言語能力）、コミュニケーション、模倣行動、流動性、一般的知性、帝国、パニック、景気循環、過剰取引、剰余価値、マルチチュード…。このなかで、たとえば、ケインズの〈慣習〉（〈慣行〉とも訳される〈コンヴェンション〉）について、「心理的である前に言語的である」と主張し、あくまでも心理的次元で考える行動ファイナンス理論と袂を分かつところ、マラッツィの面目躍如たるものがある。〈言語＝言語能力〉への眼差しは、実際のところ議論の隅々にまで浸透している。組織されざるマルチチュードがひとつの〈身体〉をもつのは、〈一般的知性〉を通してだが、この一般的知性の根底にあるのも言語能力なのだ。

金融の危機は、慣習の危機であり、マルチチュードの身体の危機であるとマラッツィは言う。危機に陥ったマルチチュードは、破局的な振舞いをするかもしれない。無秩序な暴徒となるか全体主義に流れるかの危険性はつねに存在するのだ。だがマラッツィは、世界の〈帝国化〉に抵抗するマルチチュードが、おのれの身体に配慮する可能性をつかむことを期待している。まるで、すべてが失われたかに見えた瞬間、世界が反転して救われる御伽噺のようだが、いわば巨大な賭がおこなわれているのだ。経済的事象を描写する冷たい叙述の裏で、いかにして絶望的状況を転倒させ、起死回生をはかるかが模索されている。このグローバルな金融化の時代、賭けられているのは、資本に対する〈労働者〉でも国民国家の〈民衆〉でもなく、たしかに〈マルチチュード〉だろう。それにしても、マルチチュードに寄せるこの信頼には（裏切られる可能性は想定されていても）、イタリア的な感受性があるように思う（ドゥルーズを先に思い浮かべるとしても）。だがこれはイタリア贔屓の訳者の見当違いかもしれない。

本書の引用部分は原則的に訳者が訳出したが（例外はマルクスからの引用でこれは大月書店刊『資本論』岡崎次郎訳と『経済学批判要綱』資本論草稿集翻訳委員会をそのまま用いた）、既訳のあるものは参照し、非常に助けていただいた。監修と解説をお願いした大阪産業大学経済学部教授の水嶋一憲氏、そして人文書院編集の松岡隆治氏には最初から最後までお世話になった。このお二人および本書に引用された数多くの書物の訳者の方々に、心から感謝の気持ちを捧げたい。

二〇一〇年三月　京都

柱本　元彦

著者略歴

Christian Marazzi（クリスティアン・マラッツィ）

1951年、スイス生まれ。イタリア・パドヴァ大学政治学科卒。ロンドン・スクール・オブ・エコノミクス留学、ロンドン市立大学にて経済学博士号取得。現在、スイス・イタリア語圏専門大学校（SUPSI）社会経済研究所教授。アントニオ・ネグリ、パオロ・ヴィルノ、フランコ・ベラルディ（ビフォ）らとともに、イタリアのポストフォーディズム運動における中核的な理論家のひとり。著書に、『ソックスの場所：経済の言語的転回とその政治的帰結』（初版1994、新版1999）〔邦訳『現代経済の大転換：コミュニケーションが仕事になるとき』多賀健太郎訳、青土社、2009〕、『そしてマネーは行く：金融市場からの脱出とその革命』（1998）、『燃えつきた金融』（2009）など。

訳者略歴

柱本元彦（はしらもと・もとひこ）

1961年生まれ。京都大学大学院博士後期課程修了。ナポリ東洋大学講師などを経て、現在は大学非常勤講師、翻訳家。訳書に、フェッリーニ『魂のジュリエッタ』（青土社、1994）、ランドルフィ『カフカの父親』（共訳、国書刊行会、1996）、ロンギ『イタリア絵画史』（共訳、筑摩書房、1997）、カッチャーリ『必要なる天使』（人文書院、2002）、エーコ『カントとカモノハシ』（共訳、岩波書店、2003）、レオパルディ『カンティ』（共訳、名古屋大学出版会、2006）、ヴィルノ『ポストフォーディズムの資本主義』（人文書院、2008）、マライーニ『随筆日本』（共訳、松籟社、2009）など。

監修者略歴

水嶋一憲（みずしま・かずのり）

1960年生まれ、京都大学大学院経済学研究科博士課程単位取得退学。現在、大阪産業大学経済学部教授。著書に、『グローバリゼーションと植民地主義』（共著、人文書院、2009）、『アジアのメディア文化と社会変容』（共著、ナカニシヤ出版、2008）。訳書に、アントニオ・ネグリ／マイケル・ハート『〈帝国〉』（共訳、以文社、2003）、『マルチチュード』（監修、NHK 出版、2005）、ルイ・アルチュセール『哲学・政治著作集Ⅱ』（共訳、藤原書店、1999）など。

人名索引

ア　行

アーサー、ブライアン　Arthur, Brian　129
アグリエッタ、ミシェル　Aglietta, Michael　81
アリギ、ジョヴァンニ　Arrighi, Giovanni　18, 19, 122, 123
ヴィターレ、アンナマリア　Vitale, Annamaria　115
ヴィルノ、パオロ　Virno, Paolo　34, 36, 45-47, 50, 139, 140, 158, 159, 165
ヴェルツ、ピエール　Veltz, Pierre　45
オースティン、ジョン・L　Austin, John L.　34
オルレアン、アンドレ　Orléan, André　24, 25, 29, 65, 100, 134, 137

カ　行

カーター、ジミー　Carter, Jimmy　19
カバーロ、ドミンゴ　Cavallo, Domingo　149
ガッリ、カルロ　Galli, Carlo　90
カルドー、メアリー　Kaldor, Mary　93
キッキ、フェデリーコ　Chicchi, Federico　46
クライン、ナオミ　Klein, Naomi　44, 144-148
グリーンスパン、アラン　Greenspan, Alan　26, 35, 74
クリントン、ビル　Clinton, Bill　85, 86, 161-166
クルーグマン、ポール　Krugman, Paul　76, 92
ゲイツ、ビル　Gates, Bill　131
ケインズ、ジョン・メイナード　Keynes, John Maynard　24, 27-29, 40, 65, 81, 87, 96, 100, 113, 118, 125, 126, 133, 136, 137, 154
コーエン、ダニエル　Cohen, Daniel　43

サ　行

サイモン、ハーバート　Simon, Herbert　70

サッセン、サスキア　Sassen, Saskia　92
サッチャー、マーガレット　Thatcher, Margaret　19
ザニーニ、アデリーノ　Zanini, Adelino　37
ザリフィアン、フィリップ　Zarifian, Philippe　44
サール、ジョン　Searle, John　34
シェフリン、ハーシュ　Shefrin, Hersh　22
シャーマ、サイモン　Schama, Simon　127
シャンドゥセ、シャルル　Chandessais, Charles　138
ジュディー、アンリ・ピエール　Jeudy, Henri-Pierre　138
シュレージェ、マイケル　Schrage, Michel　101
シュンペーター、ヨーゼフ・A　Schumpeter, Joseph A.　101
ショアー、ジュリエット　Schor, Juliet　56
ジョスパン、リオネル　Jospin, Lionel　59
シラー、ロバート　Schiller, Robert　19-23
ジリオーリ、アレッサンドロ　Gilioli, Alessandro　69
ジリオーリ、レナート　Gilioli, Renato　69
ストレンジ、スーザン　Strange, Susan　92
スロウィッキー、ジェームズ　Surowiecki, James　24
セー、ジャン - バティスト　Say, Jean-Baptiste　112, 113
セネット、リチャード　Sennett, Richard　93
ソロス、ジョージ　Soros, George　24-27

タ　行

ダベンポート、トーマス　Davenport, Thomas　68
チアペッロ、エヴェ　Chiapello, Eve　43
チマッティ、フェリーチェ　Ciamatti, Felice　30, 31
チッラーリオ、ロレンツォ　Cillario, Lorenzo　62, 63
デイヴィス、マイク　Davis, Mike　142
テーラー、フレデリック　Taylor, Frederic　56, 57
デ・チェッコ、マルチェッロ　De Cecco, Marcello　76, 91

デュピュイ、ジャン・ピエール　Dupuy, Jean-Pierre　138
ドゥルーズ、ジル　Deleuze, Gilles　141
トフラー、アルヴィン　Toffler, Alvin　161, 162
トービン、ジェイムズ　Tobin, James　80
トマティス、アルフレッド　Tommatis, Alfred　32, 33
トムキンス、リチャード　Tomkins Richard　144
ドラッカー、ピーター　Drucker, Peter　17
トンプソン、グラハム　Thompson, Grahame　92

ナ　行

ニュートン、アイザック　Newton, Issac　54-57
ネグリ、トニ　Negri, Toni　90, 93

ハ　行

バウマン、ジグムント　Bauman, Zygmunt　93
ハースト、ポール　Hirst, Paul　92
ハート、マイケル　Hardt, Michael　90, 93
バリー、ピエール　Balley, Pierre　24
ハリソン、ベネット　Harrison, Bennett　91
バンヴェニスト、エミール　Benviniste, Emile　35
ハンチントン、サミュエル　Huntington, Samuel　161-164
ピアルー、ミシェル　Pialoux, Michel　60
ヒルファディング、ルドルフ　Hilferding, Rudolf　62
ヒルマン、ジェイムズ　Hillman, James　136
ビンラディン　bin Ladin　164
ファディーニ、ウバルド　Fadini, Ubaldo　37
フィオッコ、ラウラ　Fiocco, Laura　43
プーチン、ウラジミール　Putin, Vladimir　84
ブッシュ、ジョージ・W　Bush, George W.　84, 160-165
フリードマン、ミルトン　Friedman, Milton　18

フリーマン、リチャード　Freeman, Richard　105
プローディ、ジョルジョ　Prodi, Giorgio　30
ブロンソン、ポー　Bronson, Po　49-51
ベック、ジョン　Beck, John　68
ベラルディ、フランコ　Berardi, Franco　42, 43, 67
ヘンウッド、ダグ　Henwood, Doug　65
ボード、ステファン　Beaud, Stéphane　60
ボルカー、ポール　Volker, Paul　18, 63
ボルタンスキ、リュック　Boltanski, Luc　43
ボールドウィン、スティーヴ　Baldwin, Steve　102, 103

マ　行

マウジェリ、レオナルド　Maugeri, Leonardo　83
マグリーニ、マルコ　Magrini, Marco　16
マルクス、カール　Marx, Karl　46, 58, 62, 63, 90, 97, 100, 108-120, 126, 133, 166
マンデル、マイケル　Mandel, Michael　96, 101-104
ムラーロ、ルイザ　Muraro, Luisa　32, 33, 147
メイヤー、マーチン　Mayer, Martin　127

ヤ　行

ヤコブソン、ロマン　Jakobson, Roman　33, 139
ユング、カール・グスタフ　Jung, Carl Gustav　139

ラ　行

ライス、コンドリーザ　Rice, Condoleezza　160
ランピーニ、フェデリーコ　Rampini, Federico　14, 15, 24
リフキン、ジェレミー　Rifkin, Jeremy　45
ルクセンブルク、ローザ　Luxemburg, Rosa　113
ルーマン、ニクラス　Luhmann, Niklas　143
ルッラーニ、エンツォ　Rullani, Enzo　52

レイク、アンソニー　Lake, Anthony　161, 162
レーガン、ロナルド　Reagan, Ronald　19, 38, 78
レサード、ビル　Lessard, Bill　102, 103
レヴェッリ、マルコ　Revelli, Marco　44, 48, 49, 128
ローチ、スティーブン　Roach, Stephen　74
ロバーツ、ダン　Roberts, Dan　151
ロベスピエール、マクシミリアン　Robespierre, Maximilien　138
ロルドン、フレデリック　Lordon, Frédéric　40

ワ　行

ワールドロップ、ミッチェル　Waldrop, Mitchell　130

参考文献

（引用にあたっては、既訳を参照しつつ、本書の訳者が訳出した）

AGLIETTA M.（1995）, *Macroéconomie financière*. La Découverte, Parigi.（ミシェル・アグリエッタ、『成長に反する金融システム』、坂口明義訳、新評論、1998年）

AGLIETTA M., ORLÉAN A.（1998）, *La monnaie souveraine*, Odile Jacob, Parigi.

AGLIETTA M., LUNGHINI G.（2001）, *Sul capitalismo contemporaneo*, Bollati Boringhieri, Torino.

AGOSTINELLI M.（1997）, *Tempo e spazio nell'impresa postfordista*, manifestolibri, Roma.

ARRIGHI G.（1994）, *Il lungo XX secolo*, Il Saggiatore. Milano.（ジョヴァンニ・アリギ、『長い20世紀』、土佐弘之監訳、作品社、2009年）

ARRIGHI G.（1999）, *I cicli sistemici di accumulazione. Le trasformazioni egemoniche dell'economia-mondo capitalistica*, Rubbettino. Soveria Mannelli.

ARRIGHI E.（1974）, *Le profits et les crises*. Maspéro, Parigi.

AUSTIN A. J.（1987）, *Come fare cose con le parole*, Marietti, Genova.（J・L・オースティン、『言語と行為』、坂本百大訳、大修館書店、1978年）

BAUMAN Z.（1999）, *Dentro la globalizzazione. Le conseguenze sulle persone*, Laterza, Roma-Bari.

BEAUD S., PIALOUX M.（2000）, *Retour sur la condition ouvrière*, Fayard, Parigi.

BERARDI F.（BIFO）（2001）, *La fabbrica dell'infelicità*, DeriveApprodi, Roma.

BOLOGNA S., FUMAGALLI A.（a cura di）（1997）, *Il lavoro autonomo di seconda generazione*. Feltrinelli, Milano.

BOYER-XAMBEAU M., DELEPLACE G., GILLARD L.（1991）, *Banchieri e principi. Moneta e credito nell'Europa del Cinquecento*, Einaudi, Torino.

BRONSON P.（2001）, *Il nudista del turno di notte e altre storie della Silicon Valley*, Fazi ed., Roma.

CEPII（1998）, *L'économie mondiale 1999*, La Découverte, Parigi.

CHIAPELLO E., BOLTANSKI L. (1999), *Le nouvel esprit du capitalisme*, Gallimard, Parigi.

CHICCHI F. (2001), *Derive sociali. Precarizzazione del lavoro, crisi del legame sociale ed egemonia culturale del rischio*, Franco Angeli, Milano.

CHOMSKY N. (1999), *Sulla nostra pelle. Mercato globale o movimento globale?*, Marco Tropea ed., Milano.（ノーム・チョムスキー、『金儲けがすべてでいいのか』、山崎淳訳、文藝春秋、2002年）

CILLARIO L., FINELLI R. (a cura di) (1998), *Capitalismo e conoscenza. L'astrazione del lavoro nell'era telematica*, manifestolibri, Roma.

CIMATTI F. (2000a), *La scimmia che si parla*, Bollati Boringhieri, Torino.

CIMATTI F. (2000b), *Nel segno del cerchio*, manifestolibri, Roma.

COHEN D. (2001), *I nostri tempi moderni. Dal capitale finanziario al capitale umano*, Einaudi, Torino.

CORIAT B. (1993), *Ripensare l'organizzazione del lavoro*, Dedalo, Bari.

DAVENPORT T. H., BECK J. C. (2001), *The Attention Economy: Understanding the new Currency of Business*, Harvard Business School, Cambridge Mass.（トーマス・H・ダベンポート、ジョン・C・ベック、『アテンション！』、高梨智弘、岡田依里訳、シュプリンガー・フェアラーク東京、2005年）

DAVIS M., (1999), *Geografia della paura. Los Angeles: l'immaginario collettivo del disastro*, Feltrinelli, Milano.

DE CECCO M. (1998), *L'oro d'Europa*. Donzelli, Roma.

DELEUZE G. (1993), *Critique en clinique*, Ed. de Minuit, Parigi.（ジル・ドゥルーズ、『批評と臨床』、守中高明、谷昌親、鈴木雅大訳、河出書房新社、2002年）

DRUCKER P. (1976), *The Unseen Revolution. How Pension Fund Socialism Came to America*. Heinemann, Londra.（ピーター・F・ドラッカー、『［新訳］見えざる革命』、上田惇生訳、ダイヤモンド社、1996年）

DUPUY J. (1991), *La panique*. Laboratoire Delagrange. Parigi.

FIOCCO L. (1998), *Innovazione tecnologica e innovazione sociale. Le dinamiche del mutamento della società capitalistica*, Rubbettino, Soveria Mannelli.

FUMAGALLI A. (a cura di) (2001), *Finanza fai da te*, DeriveApprodi, Roma.

GALLI C.（2001）, *Spazi politici. L'età moderna e l'età globale*, il Mulino, Bologna.

GALLINO L.（2001）, *Globalizzazione e disuguaglianze*, Laterza, Roma-Bari.

GILIOLI A., GILIOLI R.（2001）, *Stress Economy*, Mondadori, Milano.

HABERMAS J.（1986）, *Teoria dell'agire comunicativo*, il Mulino, Bologna.（ユルゲン・ハーバーマス、『コミュニケイション的行為の理論』上中下、河上倫逸、藤沢賢一郎、丸山高司訳、未来社、1985―1987年）

HABERMAS J.（1999）, *La costellazione postnazionale. Mercato globale, nazioni e democrazia*, Feltrinelli, Milano.

HARDT M., NEGRI A.（2000）, *Empire*, Harvard University Press, Cambridge Mass./Londra.（アントニオ・ネグリ、マイケル・ハート、『〈帝国〉』、水嶋一憲、酒井隆史、浜邦彦、吉田俊実訳、以文社、2003年）

HARRISSON B.（1999）, *Agile e snella. Come cambia l'impresa nell'era della flessibilità*, Edizioni Lavoro, Roma.

HENWOOD D.（1997）, *Wall Street*, Verso, NewYork-Londra.

HILLMAN J.（1997）, *Saggio su Pan*, Adelphi, Milano.

HIRST P., THOMPSON G.,（1997）, *La globalizzazione dell'economia*, Editori Riuniti, Roma.

JAKOBSON R.（1971）, *Il farsi e disfarsi del linguaggio. Linguaggio infantile e afasia*, Einaudi, Torino.

JEUDY H. P.（1997）, *Panico e catastrofe*, Costa&Nolan, Genova.

KALDOR M.（1999）, *Le nuove guerre. La violenza organizzata dell'età globale*, Carocci, Roma.（メアリー・カルドー、『新戦争論』、山本武彦、渡部正樹訳、岩波書店、2003年）

KEYNES J. M.（1937）, *The General Theory of Employment*, «Quarterly Journal of Economics», in *Collected Writings*, vol. XIV, Londra, 1973.（Trad. it. Keynes J. M., *Antologia di scritti economico-politici*, a cura di G. Costa, Bologna 1978）.

KEYNES J. M.（1978）, *Teoria generale dell'occupazione dell'interesse e della moneta*, UTET, Torino.（ジョン・メイナード・ケインズ、『雇用、利子および貨幣の一般理論』上下、間宮陽介訳、岩波文庫、2008年）

KLEIN N.（2001）, *NoLogo*, Baldini&Castoldi, Milano.（ナオミ・クライン、『ブラ

ンドなんか、いらない』、松島聖子訳、はまの出版、2001年［新版、大月書店、2009年］）

KRUGMAN P.（2001）, *Meno tasse per tutti?*, Garzanti, Milano.

LESSARD B., BALDWIN S.（2000）, *Netslaves. True Tales of Working the Web*, McGraw-Hill, New York.

LORDON F.（2000）, *Fonds de pension, piège à cons? Mirage de la démocratie actionnariale*, Seuil, Parigi.

LUHMANN N.（1996）, *Sociologia del rischio*, Bruno Mondadori, Milano.

MAGRINI M.（1999）, *La ricchezza digitale*, Il Sole 24Ore, Milano.

MANDEL M. J.（2001）, *Internet Depression*, Fazi ed., Roma.（マイケル・J・マンデル、『インターネット不況』、石崎昭彦訳、東洋経済新報社、2001年）

MAYER M.（2001）, *The Fed*, The Free Press, NewYork.

MARAZZI C.（1998）, *E il denaro va*, Bollati Boringhieri—Edizioni Casagrande, Torino-Bellinzona.

MARAZZI C.（1999）, *Il posto dei calzini*, Bollati Boringhieri, Torino.（クリスティアン・マラッツィ、『現代経済の大転換』、多賀健太郎訳、青土社、2009年）

MARX K.（1970）, *Il Capitale*, Editori Riuniti, Roma.（カール・マルクス、『資本論』全９巻、岡崎次郎訳、大月文庫、1972年）

MARX K（1968）, *Lineamenti fodamentali della critica dell'economia politica*（*Grundrisse*）, vol. I, La Nuova Italia, Firenze.（カール・マルクス、「経済学批判要綱」『マルクス資本論草稿集　一八五七―五八年の経済学草稿』 Ⅰ・Ⅱ、資本論草稿集翻訳委員会、大月書店、1981・1997年）

MAUGERI L.（2001）, *Petrolio. Falsi miti, sceicchi e mercati che tengono in scacco il mondo*, Sperling&Kupfer, Milano.

MURARO L.（1992）, *L'ordine simbolico della madre*, Editori Riuniti, Roma.

MURARO L.（1998）, *Maglia o uncinetto*, manifestolibri, Roma.

NAPOLEONI C.（1976）, *Valore*, ISEDI, Milano.

ORLÉAN A.（1988）, *Per una teoria delle aspettative in condizioni di incertezza, in Moneta e produzione*, Einaudi, Torino.

ORLÉAN A.（1999）, *Le pouvoir de la finance*, Odile Jacob, Parigi.（アンドレ・オル

レアン、『金融の権力』、坂口明義、清水知巳訳、藤原書店、2001年）
PELLEREY R.（2000）, *Il lavoro della parola. Linguaggi, poteri, tecnologie della comunicazione*, UTET, Torino.
RAMPINI F.（2000）, *New Economy*, Laterza, Bari.
RAMPINI F.（2001）, *Dall'euforia al crollo*, Laterza, Bari.
REVELLI M.（2001）, *Oltre il Novecento*, Einaudi, Torino.
RIFKIN J.（2000）, *L'era dell'accesso*, Arnoldo Mondadori Editore, Milano.（ジェレミー・リフキン、『エイジ・オブ・アクセス』、渡辺康雄訳、集英社、2001年）
RULLANI E., ROMANO L.（a cura di）（1998）, *Il postfordismo. Idee per il capitalismo prossimo venturo*, Etaslibri, Milano.
SASSEN S.（1997）, *Le città nell'economia globale*, il Mulino, Bologna.
SASSEN S.（1998）, *Fuori controllo. Mercati finanziari contro stati nazionali: come cambia la geografia del potere*, Il Saggiatore, Milano.（サスキア・サッセン、『グローバリゼーションの時代』、伊豫谷登士翁訳、平凡社、1999年）
SASSEN S.（1999）, *Migranti, coloni, rifugiati. Dall'emigrazione di massa alla fortezza Europa*, Feltrinelli, Milano.
SCHAMA S.（1988）, *La cultura olandese dell'epoca d'oro*, Il Saggiatore, Milano.
SCHILLER D.（1999）, *Capitalismo digitale. Il mercato globale in rete*, Università Bocconi Ed., Milano.
SCHILLER R.（2000）, *Euforia irrazionale*, il Mulino, Bologna.（ロバート・シラー、『投機バブル　根拠なき熱狂』、植草一秀監訳、ダイヤモンド社、2001年）
SCHRAGE M.（2000）, *Getting Beyond The Innovation Fetish*, «Fortune», 13 novembre.
SEARLE J. R.（1985）, *Della intenzionalità. Un saggio di filosofia della conoscenza*, Bompiani, Milano.（ジョン・R・サール、『志向性』、坂本百大訳、誠心書房、1997年）
SENNET R.（1999）, *L'uomo flessibile*, Feltrinelli, Milano.（リチャード・セネット、『それでも新資本主義についていくか』、斎藤秀正訳、ダイヤモンド社、1999年）
SHEFRIN H.（2000）, *Beyond Greed and Fear. Uuderstanding Behavioral Finance and the Psycology of Investing*, Harvard Business School Press, Boston, Mass.（ハーシュ・シェフリン、『行動ファイナンスと投資の心理学』、鈴木一功訳、

東洋経済新報社、2005 年）
SCHOR J.（1993）, *The Overworked American. The Unexpected Decline of Leisure*, Basic Books, New York.（ジュリエット・B・ショアー、『働きすぎのアメリカ人』、森岡孝二ほか訳、窓社、1993年）
SOROS G.（1999）, *La crisi del capitalismo globale*, Ponte alle grazie, Milano.（ジョージ・ソロス、『グローバル資本主義の危機』、大原進訳、日本経済新聞社、1999年）
STRANGE S.（1999）, *Denaro impazzito. I mercati finanziari: presente e futuro*, Edizioni Comunità, Torino.
TIVEGNA M, CHIOFI G.（2000）, *News e dinamica dei tassi di cambio*, il Mulino, Bologna.
TOMMATIS A.（1990）, *L'oreille et la vie*, Laffront（Ⅰ ed. 1977）. Parigi.
VELTZ P.（2000）, *Le nouveau monde industriel*, Gallimard, Parigi.
VIRNO P.（1994）, *Mondanità. L'idea di mondo tra esperienza sensibile e sfera pubblica*, manifestolibri, Roma.
VIRNO P.（1995）, *Parole con parole. Poteri e limiti del linguaggio*, Donzelli, Roma.
VIRNO P.（2001）, *Lavoro e linguaggio,* in Zanini A., Fadini U.（*a cura di*）*, Lessico postfordista*, Feltrinelli, Milano.
VIRNO P.,（2002）, *Saggi di filosofia del linguaggio*, Ombre Corte, Verona.
VIRNO P.（2002）, *Grammatica della moltitudine*, DeriveApprodi, Roma.（パオロ・ヴィルノ、『マルチチュードの文法』、廣瀬純訳、月曜社、2000年）
VITALE A.（1998）, *I paradigmi dello sviluppo. Le teorie della dipendenza, della regolazione e dell'economia-mondo*, Rubbettino, Soveria Mannelli.
WALDROP M. M.（1987）, *Complessità. Uomini e idee al confine tra ordine e caos*, Instar Libri, Torino.（M・ミッチェル・ワールドロップ、『複雑系』、田中三彦、遠山峻征訳、新潮文庫、2000年）
WOODWARD B.（2000）, *Maestro. Greenspan's Fed and the American Boom*, Simon & Schuster, NewYork,（ボブ・ウッドワード、『グリーンスパン』、山岡洋一、高遠裕子訳、日本経済新聞社、2001年）
ZANINI A., FADINI U.（a cura di）（2001）, *Lessico postfordista*, Feltrinelli, Milano.

ZARIFIAN P.（1995）, *Le travail et l'évènement*, L'Harmattan, Parigi.

ZARIFIAN P.（1996）, *Travail et communication*. PUF, Parigi.

ZARIFIAN P.（2001）. *Temps et modernité. Le Temps comme enjeu du monde moderne*. L'Harmattan, Parigi.

©2010 JIMBUN SHOIN Printed in Japan.
ISBN978-4-409-03077-6　C3010

資本と言語
──ニューエコノミーのサイクルと危機
二〇一〇年　五月三〇日　初版第一刷印刷
二〇一〇年　六月一〇日　初版第一刷発行
著　者　クリスティアン・マラッツィ
訳　者　柱本元彦
監　修　水嶋一憲
発行者　渡辺博史
発行所　人文書院
〒六一二-八四四七
京都市伏見区竹田西内畑町九
電話〇七五(六〇三)一三四四
振替〇一〇〇〇-八-一一〇三
印刷　亜細亜印刷株式会社
製本　坂井製本所
装丁　間村俊一
乱丁・落丁本は小社送料負担にてお取替致します。

http://www.jimbunshoin.co.jp/
Ⓡ〈日本複写機センター委託出版物〉
本書の全部または一部を無断で複写複製（コピー）することは、著作権法上での例外を除き禁じられています。本書からの複写を希望される場合は、日本複写権センター（03-3401-2382）にご連絡ください。

公共空間の政治理論　篠原雅武　四六上二五〇頁　価格二四〇〇円

ポストフォーディズムの資本主義
社会科学と「ヒューマン・ネイチャー」
パオロ・ヴィルノ著　柱本元彦訳　四六並二五二頁　価格二五〇〇円

抵抗の同時代史
軍事化とネオリベラリズムに抗して
道場親信　四六上二九四頁　価格二八〇〇円

抗いの条件
社会運動の文化的アプローチ
西城戸誠　四六上三〇四頁　価格三五〇〇円

権力と抵抗
フーコー・ドゥルーズ・デリダ・アルチュセール
佐藤嘉幸　四六上三三二頁　価格三八〇〇円

新自由主義と権力
フーコーから現在性の哲学へ
佐藤嘉幸　四六上二〇〇頁　価格二四〇〇円

民衆にとって政治とは何か　和田伸一郎　四六並二八六頁　価格二六〇〇円

貧困を救うのは、社会保障改革か、ベーシック・インカムか　橘木俊詔　山森亮　四六並三〇六頁　価格二〇〇〇円

（2010年６月現在、税抜）